essentials

essentials liefern aktuelles Wissen in konzentrierter Form. Die Essenz dessen, worauf es als „State-of-the-Art" in der gegenwärtigen Fachdiskussion oder in der Praxis ankommt. *essentials* informieren schnell, unkompliziert und verständlich

- als Einführung in ein aktuelles Thema aus Ihrem Fachgebiet
- als Einstieg in ein für Sie noch unbekanntes Themenfeld
- als Einblick, um zum Thema mitreden zu können

Die Bücher in elektronischer und gedruckter Form bringen das Expertenwissen von Springer-Fachautoren kompakt zur Darstellung. Sie sind besonders für die Nutzung als eBook auf Tablet-PCs, eBook-Readern und Smartphones geeignet. *essentials:* Wissensbausteine aus den Wirtschafts-, Sozial- und Geisteswissenschaften, aus Technik und Naturwissenschaften sowie aus Medizin, Psychologie und Gesundheitsberufen. Von renommierten Autoren aller Springer-Verlagsmarken.

Weitere Bände in der Reihe http://www.springer.com/series/13088

Bernhard M. Hoppe

Kultur in der demokratischen Gesellschaft

Praxis Kulturmanagement

Bernhard M. Hoppe
Distance & Independent Studies Center
Technische Universität Kaiserslautern
Kaiserslautern, Deutschland

ISSN 2197-6708 ISSN 2197-6716 (electronic)
essentials
ISBN 978-3-658-26683-7 ISBN 978-3-658-26684-4 (eBook)
https://doi.org/10.1007/978-3-658-26684-4

Die Deutsche Nationalbibliothek verzeichnet diese Publikation in der Deutschen Nationalbibliografie; detaillierte bibliografische Daten sind im Internet über http://dnb.d-nb.de abrufbar.

Springer VS

Springer VS ist ein Imprint der eingetragenen Gesellschaft Springer Fachmedien Wiesbaden GmbH und ist ein Teil von Springer Nature
Die Anschrift der Gesellschaft ist: Abraham-Lincoln-Str. 46, 65189 Wiesbaden, Germany

Was Sie in diesem *essential* finden können

- Die Angebote der kulturellen Institutionen und Projekte erreichen nur einen Bruchteil der Bevölkerung. Aus der Auseinandersetzung mit diesem Phänomen ergibt sich die zentrale Aufgabe des Kulturmanagements.
- Die Chancen und die Herausforderungen, die von der Gesellschaft an das Kulturmanagements herangetragen werden, müssen deshalb mit dem Ziel der Erweiterung des Angebotes und der Nachfrage aufgenommen werden.
- Das Kulturmanagement muss dazu den Diskurs über die gelebte Demokratie befördern und Vorschläge für deren Zukunft in die Diskussion einbringen.
- Das Kulturmanagement hat die Aufgabe und die Möglichkeit, die Arbeit der kulturellen Institutionen und Projekte als Antwort auf die Entwicklung der sich wandelnden Gesellschaft zu gestalten.

Vorwort

Diskutiert werden die Voraussetzungen des Kulturmanagements und deren Implikationen auf das wissenschaftliche Kulturmanagement und nicht in erster Linie einzelne Fragen und spezielle Probleme des Kulturmanagements.

Die Publikation will deshalb auch nicht zu den zahlreich vorliegenden Einführungen in das Kulturmanagement in Konkurrenz treten (zuletzt: Heinrichs 2013; Hoppe und Heinze 2016; Henze 2017), sondern gerade angesichts der immer weiteren Spezialisierung im Kulturmanagement die allgemeingültigen Rahmenbedingungen aufgreifen und zu einem Diskurs über diese Rahmenbedingungen des Kulturmanagements anregen.

Aufgrund des Konzeptes und infolge des begrenzten Umfangs kann weder noch soll eine Vollständigkeit angestrebt werden, sondern eine Akzentsetzung auf bisher weniger erörterte Aspekte im Mittelpunkt stehen. Diese unvermeidliche Schwerpunktsetzung ist durchaus subjektiv. Sie beruht auf den Erfahrungen und den Interessen sowohl in der Forschung und in der Lehre als auch im beruflichen Alltag des Kulturmanagements.

Aus Gründen der besseren Lesbarkeit wird in diesem Buch ausschließlich die männliche Sprachform verwendet. Es sind damit jedoch immer alle geschlechtlichen Identitäten gemeint.

Vorbemerkung zum Kulturbegriff

Die Beantwortung der Frage „Was ist Kultur?“ ist eine der schwierigsten Aufgaben des Diskurses der Geistes- und Sozialwissenschaften. Die Entwicklungen der Mediengesellschaft und die Veränderungsprozesse, denen die repräsentative Demokratie derzeit unterworfen ist, haben die Aspekte, die dabei zu berücksichtigen sind, nochmals erheblich vermehrt.

Schon der Versuch, diese Frage, die nicht zu Unrecht als „Gretchenfrage der Moderne“ (Baecker 2011, S. 237) bezeichnet wurde, adäquat zu beantworten, würde deshalb den Rahmen dieses Bandes sprengen.

An dieser Stelle wird der Kulturbegriff deshalb sowohl für die Hervorbringung, Bearbeitung und Pflege kultureller Erzeugnisse und die damit befassten Strukturen verwendet als auch für die Muster, Formen und Normen der Alltagsbewältigung im Sinne des sich jedem Definitionsversuch entziehenden allgemeinen Sprachgebrauchs, der die heterogene Vielfalt der wissenschaftlichen Antworten ebenso einbezieht wie alle subjektiven Teilbereiche.

Bernhard M. Hoppe

Inhaltsverzeichnis

Parameter der Diskussion 1

1.1 Ausgangspunkt

Die empirischen Befunde sprechen eine deutliche Sprache über das Kulturpublikum: Unter der Bevölkerung in Deutschland ab 14 Jahre (insgesamt ca. 70 Mio.) bezeichnen sich ca. 42 % als kaum oder gar nicht an der Kunst- und Kulturszene Interessierte, ca. 21 % als mäßig Interessierte und weniger als 7 % als besonders Interessierte (Statista 2019b). Im Verlauf der letzten fünf Jahre haben sich diese Zahlen – ungeachtet der Analyse der beschränkenden Barrieren (Renz und Mandel 2014) – nicht signifikant verändert.

Die Reflexion über diesen Befund ist der Ausgangspunkt des Kulturmanagements. Die Bewusstmachung dieser Aussage und die Ableitung von Konsequenzen sind der Kern des Kulturmanagements. Es geht im Kulturmanagement nicht um die Frage der Finanzierung kultureller Institutionen und Projekte, sondern um den Diskurs, welchen Beitrag eine Kulturlandschaft für die Gesellschaft leisten kann. Wenn diese Dienstleistung der Kultur wahrgenommen und nachgefragt wird, kann ihre Finanzierung als nachgeordnetes Problem gelöst werden.

Das Phänomen des Kulturmanagements gibt es ebenso lange wie es auf dem Sektor der Kultur tätige Menschen und deren Erzeugnisse gibt. Schon immer haben sich Künstler mit der Frage befassen müssen, wie sie ihr Publikum finden und erreichen, wie sie ihre Arbeit finanzieren und welche Fragen ihrer Umwelt sie aufgreifen können. Die Kirche und der Adel hat über Jahrhunderte diese Rahmenbedingung zur Verfügung gestellt, bis beide vom aufkommenden Bürgertum abgelöst wurden. Die stetig sich erweiternden technischen Möglichkeiten und die daraus abgeleiteten Ansprüche haben neue Chancen und Herausforderungen eröffnet. Insofern ist das Kulturmanagement – trotz vieler anderslautender Einschätzungen vonseiten seiner Unterstützer als auch von seinen Skeptikern – keine neue Disziplin.

B. M. Hoppe, *Kultur in der demokratischen Gesellschaft,* essentials,
https://doi.org/10.1007/978-3-658-26684-4_1

Das Jahrzehnt der 1960er Jahre hat von dem Bau der Berliner Mauer (1961) über die gesellschaftlichen Bewegungen der 1968er Jahre bis zur Veröffentlichung des Berichts „Die Grenzen des Wachstums" des „Club of Rome" im Jahr 1972 die weltweite Zukunftsagenda neu und nachhaltig geprägt. In diesem Rahmen verortet sich auch das Kulturmanagement als gesellschaftliche Aufgabe und als wissenschaftliche Reflexion.

Pier Paolo Pasolini und Alessandro Baricco haben diese Entwicklungen eine „anthropologische Mutation" und eine „Mutation der Kultur" genannt. „Sitten und Denkweisen, die vormals als selbstverständlich galten, scheinen inzwischen nicht mehr nachvollziehbar, dafür werden Zustände akzeptiert, gegen die vergangene Generationen sofort auf die Barrikaden gegangen wären. Ohne dass eine physische Veränderung sichtbar wäre, unterscheidet sich der Jetztzeitgenosse in seiner Subjektivität, in seinem Bezug auf die äußere Welt, in seiner Art, mit anderen zu kommunizieren, in seiner Intimität, in seiner Kultur im weitesten Sinne des Wortes vom herkömmlichen Menschentyp so substanziell wie der Hund vom Wolf" (Paoli 2017, S. 13). „Was wir mit der Chiffre ‚1968' verbinden, steht für eine Liberalisierung der Kultur und Pluralisierung sozialmoralischer Orientierungen, für eine stärkere Beteiligung zuvor marginalisierter Gruppen und sozialen Aufstieg, für Demokratisierungserfahrungen und optimistische Entwürfe der Gestaltbarkeit der Gesellschaft, für Individualisierung und Befreiung aus allzu starken Bindungen, für Inklusionsoptimismus" (Nassehi 2018, S. 7).

Seither hat das Konzept, dass lediglich genügend Gelegenheiten zur Kulturnutzung zur Verfügung gestellt werden müssen, um eine breitere Partizipation zu gewährleisten, nicht zu einem nachhaltigen Erfolg geführt. Das Kulturverhalten der Bevölkerung hat sich gefestigt.

Gesellschaftlich problematisch ist insbesondere, dass der Bildungsstand sowohl über die aktive (Besuch von Aufführungen, Ausstellungen etc.) als auch über die passive (Wahrnehmung künstlerischer Angebote zum Beispiel Besuch einer Musikschule) kulturelle Partizipation entscheidet. Für Kinder und Jugendliche trifft dies besonders zu, unter ihnen nutzen nach den Ergebnissen des „Jugend-Kulturbarometers" vielfach nur noch Gymnasiasten und Abiturienten die klassischen Angebote (Keuchel 2005a, S. 23). Diesem Phänomen konnte das Kulturmanagement bisher nicht nur nichts entgegensetzen, es hat sich vielmehr in den letzten Jahren noch verstärkt. Zunehmend besteht eine kulturelle „Zweiklassengesellschaft" (Keuchel 2005b, S. 121).

Menschen, die über einen höheren Bildungsabschluss verfügen, sind in den Kultureinrichtungen mit zwei Dritteln bis drei Vierteln vertreten. Personen mit Abitur machen 52 % der Besucher der Kultureinrichtungen aus. Dieser Prozentsatz ist mehr als doppelt so hoch wie ihr Anteil in der Gesamtbevölkerung. Neben dem Bildungsstand ist das Haushaltseinkommen für das Nutzungsverhalten der Bevölkerung von Kulturangeboten entscheidend: „Mitglieder wohlhabender Familien besuchen um eineinhalb bis zwei Mal häufiger Museen, Theateraufführungen, Festivals“ (Haselbach et al. 2012, S. 82). Nicht relevant für das Kulturverhalten ist – entgegen landläufiger Annahmen – das Geschlecht.

Zu berücksichtigen ist darüber hinaus, dass die Besucher von Kultureinrichtungen einerseits grundsätzlich spartenübergreifend interessiert sind: Zwischen 50 % und 70 % der Besucher von Museen, Oper und Konzerten gehen auch regelmäßig ins Theater. Andererseits sind sie aber innerhalb jeder Sparte wenig flexibel. Eine aktuelle Studie zur freien Szene in Köln von 2018 zeigt auf, dass die örtlichen Theaterbesucher in der Wahl der besuchten Spielstätten ausgesprochen selektiv sind: Knapp 50 % gehen nur in eine einzige Spielstätte, ein weiteres knappes Drittel besucht maximal zwei. Andere Spielorte sind weder bekannt, noch werden sie besucht (Kliment 2019, S. 61). Es bestehen offensichtlich nicht nur in der Gewinnung neuer Publikumsschichten, sondern auch in der Cross-Promotion noch vielfältige Herausforderungen. Viel zu häufig glauben selbst engagierte Kulturschaffende wie auch die Träger von Kultureinrichtungen, dass ein gezieltes Marketing und eine kontinuierliche Öffentlichkeitsarbeit nachgeordnete Sorgen sind und behandeln sie auch entsprechend stiefmütterlich in ihrem Zeit- und Finanzbudget.

Dass die Frage „Wie kommt die Kultur zum Publikum?“ überhaupt zur Diskussion steht, ist eine Folge des Anspruches der Partizipation aller Bevölkerungsschichten an den Kulturangeboten. Insofern verbieten sich alle rückwärtsgewandten oder erst recht alle nostalgischen Antworten. Nur aus der Sicht des 19. Jahrhunderts, das das Kulturangebot als für die bürgerlichen Schichten vorbehalten angesehen hat, kann die Diagnose des Nutzungsverhaltens als eine Geschichte der Dekadenz gelesen werden. Der Anspruch des Kulturmanagements ist die Demokratisierung der Gesellschaft in ihrem Wirkungsfeld.

Pierre Bourdieu beschreibt die mit der Nutzung von Kulturangeboten zusammenhängende Problemstellung aus einer strukturalistischen Perspektive, die er mit einer Theorie der sozialen Praxis verbindet. Das Kapital einer Person unterscheidet er in vier Kapitalsorten – soziales Kapital, ökonomisches Kapital, kulturelles Kapital und symbolisches Kapital. Das hier relevante kulturelle Kapital versteht er in erster Linie als verinnerlichtes Kapital, das durch eine dauerhafte Disposition des jeweiligen Menschen geprägt ist. Dieses inkorporierte Kapital ist größtenteils durch persönlich erworbene Bildung und ein „Hineinwachsen“ in die Kultur durch die familiäre Primärerziehung und die schulische Bildung an ein Individuum gebunden. Es zu erwerben, braucht deshalb Zeit, die entweder durch einen längeren formalen Bildungsweg aufgebracht wird oder als informelles oder nichtformales Lernen nachgeholt wird.

Das Kulturmanagement muss bei der Bemühung, neue Publikumsschichten anzusprechen, anerkennen, dass die Fähigkeit, ein Kunstwerk in seiner formalen und semantischen Komplexität zu erfassen mit der Entschlüsselung eines bestimmten Codes verbunden ist und kulturelle Güter andernfalls weitgehend verschlossen bleiben. Die Beherrschung der erforderlichen Codes begründet die Differenzierung im sozialen Raum und damit auch die Bereitschaft zur Auseinandersetzung.

Für das Kulturmanagement ergeben sich daraus die Herausforderung und die Chance auf die Verbreiterung des Publikums Einfluss zu nehmen, wenn „das Emissionsniveau dadurch vermindert und das Rezeptionsniveau zugleich gesteigert werden kann, wenn mit dem Werk seine Erläuterung, der Code, mit dem es kodiert ist, mitgeliefert wird“ (Schnell 2010, S. 49). Die Aufgabe des Kulturmanagements in der demokratischen Gesellschaft ist dann – zumindest in erster Linie – nicht mehr die Unterstützung derjenigen, denen das Kulturkapital bereits zur Verfügung steht, sondern derjenigen, die darin der Unterstützung bedürfen. Wenn das kulturelle Kapital – aus welchen Gründen auch immer – nicht mehr Gegenstand der formalen Bildung ist und nicht mehr in der kollektiven Sozialisation bereitgestellt wird, müssen es die Kultureinrichtungen selbst anbieten.

Nicht um die Herausforderungen bei der Gewinnung des Publikums zu relativieren, sondern für eine kritische Einordnung des Anteils der Kulturnutzer an der Gesamtbevölkerung sollte deren absolute Zahl wenigstens exemplarisch mit einem – in der öffentlichen Wahrnehmung in einer Konkurrenz stehenden – Bereich verglichen werden: Im Jahr 2016 wurden in Museen in Deutschland 111.877.085 Besuche gezählt, in den Ausstellungshäusern 6.252.751 (Staatliche Museen zu Berlin 2017, S. 7 und S. 13). Die deutschen Theater hatten in der in der Spielzeit 2015/2016 insgesamt 21.040.535 Gäste (Deutscher Bühnenverein 2018). Allein die Häuser dieser beiden Genres wurden in einem Jahr von 139 Mio. Menschen aufgesucht. Den Spielen in den ersten beiden Ligen des Deutschen Fußballbundes schauten in der Spielzeit 2016/2017 in den Stadien rund 21 Mio. Menschen (Deutscher Fußball-Bund 2018) zu. Mit diesem Befund kontrastiert das Verhältnis der beiden gesellschaftlichen Bereiche in der medialen Präsenz.

1.2 Kulturmanagement als Wissenschaft

Die Praxis dessen, was erst viel später als „Kulturmanagement“ bezeichnet wurde, gibt es so lange wie es kulturelle Aktivitäten gibt. Seit kulturelle Manifestationen entstehen, stellen sich Fragen des Kulturmanagements wie zum Beispiel Fragen der Gewinnung eines Publikums, der Finanzierung und eines rechtlichen Rahmens.

Den ersten Rahmen für ein explizites Kulturmanagement formulierte der Kulturdezernent der Stadt Frankfurt am Main und spätere Präsident des Goethe-Instituts, Hilmar Hoffmann, mit seiner Zielvorstellung „Kultur für alle" (Hoffmann 1979). Seine Formel „Kultur für alle" zielte nicht nur auf finanzielle und infrastrukturelle Hindernisse beim Zugang zu ästhetischen Produktionen ab, sondern „war auch von der Überzeugung getragen, Kunst aller Spielarten und Schwierigkeitsgrade habe jedermann etwas zu sagen" (Kaube 2018).

Seine Forderung ist wie kaum eine zweite im Kulturmanagement sprichwörtlich geworden und definiert bis heute trotz aller Widersprüche und Ergänzungen – wie zum Beispiel der Modifikation „Kultur von allen" – die Motivation wie auch die Grenzen des Kulturmanagements. Hoffmann setzte sich für eine Umwertung von Hoch- und Breitenkultur ein und strebte damit eine Demokratisierung der Kulturlandschaft an. Sein Vorhaben brachte eine Expansionsphase der Kulturlandschaft in Gang und eröffnete eine Diskussion um zusätzliche Finanzierungsquellen. Darüber hinaus entstand aus dem Anspruch von „Kultur für alle" der Bedarf für spezifisch ausgebildetes Fachpersonal.

Der Geburtsort des Kulturmanagements als wissenschaftlicher Disziplin lässt sich in Großbritannien und in den USA verorten. Da die dortige Kulturszene traditionell weniger öffentlich gefördert wird, war dort schon deutlich früher der Bedarf für die Erschließung zusätzlicher Finanzierungsquelle offensichtlich, gleichzeitig war damit aber auch schon früher übersehbar, dass sich die Kulturlandschaft an den Bedürfnissen des Publikums orientieren und einen Beitrag zur Gesellschaft leisten müsse.

Im deutschsprachigen Raum wird das Kulturmanagement als universitäre Disziplin in Österreich seit 1976 in Wien gelehrt, in Deutschland wurde der erste Studiengang 1987 in Hamburg etabliert. In der Schweiz gibt es mit Zürich und Basel erst seit dem Anfang des 21. Jahrhunderts akademische Ausbildungsstätten (Hoppe und Heinze 2016, S. 147–151; Föhl und Glogner-Pilz 2017, S. 15). Derzeit werden im deutschsprachigen Raum im Bereich des Kulturmanagements im weiteren Sinne 201 Studiengänge, davon 56 im Grundstudium, 71 im Aufbaustudium und 74 als Weiterbildung angeboten (KM. Kulturmanagement Network 2019). Diese quantitative Ausweitung führte auch zu einer weiteren inhaltlichen Diversifizierung (Mandel 2018).

Die britischen und die US-amerikanischen Voraussetzungen (Höhne 2005, S. 9–44) der Etablierung des Kulturmanagements und dessen Verankerung in einer beispiellosen Phase der Expansion der Kulturlandschaft sind zumindest unbewusst Konstanten seiner weiteren Entwicklung geblieben. Es wird erwartet, dass das Kulturmanagement die Rahmenbedingungen für kulturelle Aktivitäten zur Verfügung stellt, sich selbst aber nicht mit kulturellen Themen befasst.

Von der eigentlichen Kultur müsse das Kulturmanagement einen geradezu ehrfürchtigen Abstand halten, das Kulturmanagement wird im Sinne einer Determinativkomposition als ein Management der Kultur verstanden. „Deutlich wird bei dieser Definition der ‚dienende' Charakter des Kulturmanagements. Eine zeitgemäße Organisation, Finanzierung und Vermittlung von Kunst und Kultur stellt den Kernbereich kulturmanagerialen Handelns dar. Der kulturelle Inhalt bleibt dabei stets unantastbar" (Föhl und Glogner-Pilz 2017, S. 16). Aus diesem Grund standen betriebswirtschaftliche Instrumente und deren Anwendung zunächst kritiklos im Mittelpunkt der Praxis und der Wissenschaft des Kulturmanagements.

Erst allmählich hat sich die Erkenntnis durchgesetzt, dass der gewerbliche, der öffentliche und der Non-Profit-Bereich der Gesellschaft nicht nur unterschiedliche Themen und Ziele bearbeiten, sondern auch unterschiedliche Werkzeuge zu deren Erreichung entwickelt haben. Zusätzliche gesellschaftliche Herausforderung – wie etwa die Wirtschafts- und Finanzkrise des Jahres 2008 – haben einen weiteren Professionalisierungs- und Effizienzsteigerungsdruck an das Kulturmanagement gestellt. Dazu kommen als Folge dieser Entwicklungen ein Zuwachs von selbstständig und kulturwirtschaftlich tätigen Personen, die häufig nicht nur im engeren Sinne des Kulturmanagements agieren, sondern auch die Grenze zu weiter engagierten Non-Profit-Organisationen und zum Bildungsbereich, zur Kulturpolitik und zum Kulturtourismus fließend werden lassen (Hoppe 2018, S. 278–283).

Trotz dieser komplexen Fragestellungen sieht sich das Kulturmanagement häufig mit der Erwartung konfrontiert, dass es drängende Probleme löst, und zwar schnell, pragmatisch und umfassend. Angesichts der chronisch unzureichenden personellen und finanziellen Ausstattung der Kulturlandschaft ist dieser Wunsch nachvollziehbar. Der Etablierung des Kulturmanagements als reflexiver Wissenschaft ist er jedoch nicht dienlich. Bis in die aktuellen Publikationen beherrschen deshalb handwerkliche, praktische Handlungsanweisungen, scheinbare Patentlösungen und die Präsentation kopierbarer Vorbilder den Diskurs. In der akademischen Lehre und Forschung haben sich die cultural studies als Querschnittsfragestellung weithin etabliert. In der Praxis des Kulturmanagements ist diese umfassende gesellschaftskritische Denkweise aber noch nicht angekommen. Damit beraubt sich das Kulturmanagement aber der Chance, nicht nur Lösungen anzubieten, sondern mit den Methoden des wissenschaftlichen Erkenntnisgewinns und der wissenschaftlichen Nachweisbarkeit auch selbst Diskussionen anzuzetteln.

Aus der Beobachtung, dass das Kulturmanagement zu vielen anderen wissenschaftlichen Disziplinen Schnittstellen aufweist, wird häufig die Auffassung abgeleitet, dass das „Kulturmanagement als interdisziplinäre und querschnittsorientierte Bezugslehre“ (Föhl und Glogner-Pilz 2017, S. 60) zu verstehen sei. Das Kulturmanagement bleibt jedoch trotz seines multidisziplinären und multiparadigmatischen Ansatzes bruchstückhaft und beliebig, wenn es nicht unter einen gemeinsamen Fokus – der Verankerung in der Gesellschaft – gestellt wird. Unter diesem kann es wertschätzend und wertschöpfend in beide Richtungen den interdisziplinären Dialog aufnehmen (Konrad 2009).

Jüngst wurde vorgeschlagen, das Kulturmanagement aufgrund seiner spezifischen Beschaffenheit als „Realwissenschaft“ (nach Ulrich und Hill 1979, S. 164) zu klassifizieren. Dies bedeute, „subjektiv wahrgenommene Wirklichkeitsausschnitte zu explizieren (präzises, intersubjektiv mitteilbares Beschreiben mittels Begriffen), zu generalisieren (verallgemeinernde Abstraktion von Einzelfällen) und Handlungsempfehlungen bzw. -alternativen für ihre Gestaltung zu entwerfen. D. h., der besondere Fokus liegt hier auf der Ableitung von Handlungsempfehlungen bzw. einem Praxistransfer von Ergebnissen“ (Föhl und Glogner-Pilz 2017, S. 63). Um welche „subjektiv wahrgenommene Wirklichkeitsausschnitte“ es sich auch immer dabei handeln kann, ist mit diesem Vorschlag ein Weg aufgezeigt, der das Feedback des Publikums in die weiteren Überlegungen einbeziehen kann.

Das Kulturmanagement ist – wie grundsätzlich jede Wissenschaft – in der Forschung wie in der Lehre eine anwendungsorientierte Wissenschaft. Sie reagiert deshalb auf aktuelle – nicht unbedingt nur auf drängende – Beobachtungen in ihrem Interessenbereich. Vergleichbar ist sie unter diesem Gesichtspunkt mit der Soziologie, die sich die Aufgabe der Feststellung einer Problemlage und einer Problemlösungskapazität in der Gesellschaft gestellt hat (Nassehi 2008, S. 19–21). Vor diesem Hintergrund ist das Kulturmanagement auch wie die Soziologie – nach deren weitverbreitetem Verständnis – eine Krisenwissenschaft.

Was hier vorgeschlagen wird, ist ein Verständnis des Kulturmanagements nicht als eines Determinativkompositums, sondern als eines Kopulativkompositums, das die beiden bedeutungstragenden Bestandteile des Begriffes nicht unterbeziehungsweise überordnet, sondern beide Teile gleichberechtigt verbindet. Das Management ist dann nicht mehr das Hilfsmittel der Kultur, sondern erhält einen gleichberechtigter Status. Es ist dann nicht mehr nur die Aufgabe des Managements, der Kultur einen Rahmen zu sichern, sondern gleichzeitig die Aufgabe der Kultur dem Management ihre gesellschaftliche Relevanz nachzuweisen. Was das Kulturmanagement leisten kann und soll ist nicht nur die Ermöglichung der Kultur, sondern auch die Reflexion des Anspruchs der Kultur.

Was das Kulturmanagement ermöglichen muss, ist die von Julian Barnes mit den Mitteln der Erzählung formulierte Forderung: „Kunst existiert nicht um der Kunst willen: Sie existiert um der Menschen willen“ (Barnes 2017, S. 125).

1.3 Ambivalenz des Kulturmanagements

Jedes Plädoyer für eine stringentere gesellschaftliche Verankerung der kulturellen Institutionen und Projekte muss grundsätzlich auch die Kehrseite dieser Argumentation in den Blick nehmen.

> „Zum Verständnis der grenzgängerischen Aufgabenstellung des Kulturmanagements bildet die feldtheoretische Betrachtung eine analytisch präzise und in vielerlei Weise problemsensible Hintergrundfolie. Die Vermittlung zwischen komplementären Wertlogiken, die das Kunstfeld und das ökonomische Feld und ihre Wirkungsmacht im sozialen Raum auszeichnen, erweist sich als kompliziert und hochgradig widersprüchlich. Zugang zur künstlerischen Produktion herzustellen, ohne sie im Umkehrschluss dem Markt preisgeben, könnte man die schwierige Aufgabe zusammenfassen, die sich für ein Kulturmanagement ergibt, das der normativen Kritik Bourdieus aufgeschlossen sein will“ (Schnell 2010, S. 49).

So sieht Pierre Bourdieu in unserer Gesellschaft eine Bedrohung der Autonomie durch die zunehmende „gegenseitige Durchdringung der Welt der Kunst und der des Geldes“ (Bourdieu 2001, S. 530).

Jede Nachfrageorientierung des Kulturmanagements findet ihre Grenze in einer Anbiederung, in einer Überforderung der Möglichkeiten kultureller Interventionen, in einer Beliebigkeit der Themenstellung und in einer Gefahr der Indienstnahme der Kultur.

Auch für den Versuch, die Zeit der nationalsozialistischen Herrschaft – den größten vorstellbaren Kulturbruch – scheinbar vergessen zu machen, wurde die Kultur missbraucht. Während Adorno seine Skepsis gegen jedes Gedicht nach Auschwitz artikulierte, besann sich die Öffentlichkeit nach 1945 auf eine formelhafte Beschreibung aus dem 19. Jahrhundert und wollte nach dem Diktum von Karl Kraus nach der Verstrickung der Gesellschaft in die nationalsozialistische Herrschaft wieder vom Volk der Richter und Henker zu einem Volk der Dichter und Denker werden.

Auch der Einigungsvertrag zwischen der Bundesrepublik Deutschland und der Deutschen Demokratischen Republik vom 31.08.1990 (Bundesministerium der Justiz und für Verbraucherschutz 1990) fand bei seiner Frage nach dem Vereinigenden und nach einer Formel zur Abmilderung der Folgen des deutschen

Einigungsprozesses im Artikel 35 im Kulturellen die Antwort: Die Stellung und das Ansehen eines vereinten Deutschlands hänge von seiner Bedeutung als Kulturstaat ab. Aber auch darüber hinaus hat das Bundesverfassungsgericht in Karlsruhe mehrfach in seinen Urteilen auf die Bestimmung von „Deutschland als Kulturstaat“ verwiesen.

In den 1970er Jahren wurde der Versuch unternommen, auf eine die Bevölkerung separierende Stadtentwicklung mit kulturellen Initiativen Einfluss zu nehmen. In den folgenden Jahren sollten mit der Vorstellung, dass Kulturpolitik das wirksamste Element der Gesellschaftspolitik sei, gesellschaftliche Reformen vorangetrieben werden. Gegenwärtig soll die Kulturpolitik die Ansiedlung gewerblicher Unternehmen forcieren und sie durch ein attraktives Kulturangebot bei der Anwerbung und beim langfristigen Verbleib von Fachkräften unterstützen. Durch kulturelle – so genannte weiche – Standortfaktoren sollen weitere Wachstumspotenziale aktiviert werden. Nachdem die Integration in der Gesellschaft weitgehend gescheitert ist, sollen nun kulturelle Initiativen die Migranten integrieren.

> „In Deutschland gibt es eine Riesentradition, Kultur als Gesellschaftskitt zu begreifen, als könnte sie unsere Gesellschaft zusammenhalten. Blicke man auf Deutschland, dann war die größte kulturelle Leistung wahrscheinlich die Erfindung der kommunalen Freibäder in den Siebzigerjahren. Das waren und sind die Orte, an denen Gesellschaft eingeübt wird, und an denen die Leute Gleiche sind“ (Peschel 2017).

wurde in einer Debatte auf der Frankfurter Buchmesse 2017 konstatiert.

Als weiteres Feld zeichnet sich derzeit die Diskussion über das koloniale Erbe ab. Mit den Nachfolgestaaten wird eine wohlwollende Diskussion über das aus dem Land gebrachte kulturelle Erbe geführt, anstatt in Verhandlungen einzutreten über einen Schuldenerlass oder über faire, nicht diskriminierend freie Handlungsbeziehungen.

Kultur ist immer wieder das Trostpflaster, das eine Gesellschaft in vielfältigen Problemlagen benutzt, um die teureren und ökonomisch schmerzhafteren und langwierigen eigentlich gebotenen Maßnahmen zu vermeiden. Dieser Missbrauch wird aber nicht nur von außen an die Kulturinstitutionen herangetragen.

Die theoretisch widersprüchliche wie die alltägliche Ambivalenz zwischen dem Bemühen, einerseits die Ansprüche des Publikums aufzugreifen, andererseits sich aber nicht in einer Allzuständigkeit selbst aufzugeben, zwingen kulturelle Projekte und Institutionen zu einer permanenten Gratwanderung. Auf dieser Gratwanderung in beiden Richtungen ein vermittelnder Wegweiser zu sein, ist einer der vornehmsten Aufgaben des Kulturmanagements. „Kultur soll für sich werben mit dem, was sie kann. Wenn es dann – zusätzlich – noch Argumente gibt, die sich auf den Nutzen kultureller Betätigung beziehen, umso besser“ (Haselbach et al. 2012, S. 170).

In diesen Zusammenhang gehören auch die derzeit intensivierten und diversifizierten Bemühungen des Kulturmanagements auf dem Sektor des Kulturtourismus (Pröbstle 2014; Klein et al. 2017). Sie stehen nicht selten in einem zumindest möglichen Widerspruch zu den Aufgaben, die Kulturbetriebe als Anreger für das demokratische Gemeinwesen erfüllen sollen.

Es eröffnet sich mit dem Kulturtourismus aber auch ein Wachstumsmarkt, der sowohl ökonomisch lukrativ als auch unter dem Aspekt der Publikumsgewinnung erfolgversprechend ist (Mergos und Patsavos 2016). Kulturtouristische Aktivitäten eröffnen große Chance, auch Menschen anzusprechen, die im Alltag nicht oder kaum erreichbar sind. Dies bedingt aber, dass die Angebote sowohl im Marketing aufbereitet als auch auf ein spontanes, eher weniger vorgebildetes Publikum ausgerichtet sein müssen. Dabei wird ein Spannungsfeld deutlich, das für die Gewinnung des Publikums auch unter anderen Umständen äußerst relevant ist: Nur Kulturprofis befassen sich in der Arbeitszeit mit kulturellen Themen. Für fast alle anderen Menschen ist es ein Thema, das mit Freizeit assoziiert wird. Diese eigentlich naheliegende Grundvoraussetzung wird aber nur in seltenen Fällen explizit thematisiert, obwohl sich daraus weitreichende Implikationen ergeben.

Kultur und Gesellschaft 2

2.1 Gesellschaft und Kulturmanagement

Der Louvre wurde mit der Französischen Revolution – am 10. August 1793 – öffentlich zugänglich gemacht. Dieser Umstand veranschaulicht, dass das Kulturmanagement vielfältigen Einflüssen aus der Gesellschaft ausgesetzt ist und umkehrt mit und in ihren Strukturen arbeitet, die es zumindest zum Teil direkt oder indirekt beeinflussen kann und soll. „Künstlerisches Schaffen ist kein singulärer Akt, sondern ein komplexer und inkrementeller Prozess. Er ist offen, das heißt nicht im engeren Sinne zweckbestimmt und planmäßig, weil die genuin künstlerische Leistung erst im Schaffensprozess ihre finale Gestalt gewinnt. Er ist zugleich ein fragiler Prozess, weil er von vielen ‚internen' also innewohnenden Aspekten und Unwägbarkeiten sowie ‚externen' Strukturen und Ressourcen abhängig ist" (Zembylas 2013, S. 160).

Für das Kulturmanagement entsteht daraus der – im besten Fall – fruchtbare Widerspruch zwischen dem Aufgreifen der Interessen der Öffentlichkeit und dem Anspruch der Konfrontation mit den Herausforderungen.

Kultureinrichtungen können Reflexionen anstoßen, Türen öffnen, Vorschläge machen. Welche Angebote der mündige Bürger aufgreift, bleibt ihm überlassen. Dies ist der entscheidende Unterschied zwischen einer Kulturpolitik in einer demokratischen Gesellschaft und einer totalitären Praxis. Paulo Coelho beschrieb diesen Sachverhalt mit der Formulierung „Lehren heißt zeigen, daß etwas möglich ist. Lernen heißt, seine eigenen Möglichkeiten ausloten" (Coelho 1999, S. 172). Das Kulturmanagement hat unter diesem Aspekt dafür zu sorgen, dass das Publikum aus einem möglichst breites Angebot auswählen kann, nicht dafür, dass es in einer bestimmten Richtung belehrt wird. „Gelten mag weiter, ‚Kultur für alle' in dem Sinne, dass Kulturpolitik alle schöpferischen

B. M. Hoppe, *Kultur in der demokratischen Gesellschaft,* essentials,
https://doi.org/10.1007/978-3-658-26684-4_2

Kräfte gleichermaßen anerkennt. Alle Bewohnerinnen und Bewohner unserer Länder kennen das Angebot, die Quellen, die Zugänge. Jetzt liegt es an ihnen" (Haselbach et al. 2012, S. 179). Und diese Auswahl ist jeweils individuell spezifisch und kann nicht mit allgemein gültigen Parametern bewertet werden. Insbesondere gelten dabei nicht nur rationale, sondern auch emotionale Argumente. Ein überkommener Kanon der gesellschaftlich akzeptierten Kulturerzeugnisse sollte von einem individuellen Kanon abgelöst werden, den das Publikum selbst erstellt. Dies setzt eine breite Informiertheit voraus. Diese ist in der digital geprägten Gegenwart viel müheloser erreichbar als je zuvor. Das stetige Aushandeln der Präferenzen zwischen dem Angebot der kulturellen Institution und Projekte und der Nachfrage durch das Publikum setzt einen immerwährenden Dialog voraus, der seinerseits Diskussionen und Widersprüche befördert und zu einem demokratischen Prozess beiträgt.

Vielfach wird der Kultur und der Kunst gerade vor dem Hintergrund postmoderner Diskurse ein Freiraum zugebilligt, der nicht selten an die Einräumung einer privilegierten Sphäre der Narrenfreiheit erinnert: „Der symbolische Handlungsraum der Kunst ist eine geschützte Werkstatt für den Laiendiskurs über Gott und die Welt. Die freie Kommunikation von Beobachtungen zu ermöglichen ist der Sinn der ganzen Veranstaltung und zugleich ihre nicht übersteigbare Grenze" (Wyss 2009, S. 99). So sympathisch das Zugeständnis des „Laiendiskurses" scheinbar erscheint, muss die Frage gestellt werden, ob es sich zwangsläufig nur um einen „Laiendiskurs" handelt. Gibt es im Zeitalter des Internets überhaupt noch einen „Laiendiskurs"? Für die Frage, welche Veranstaltungen ein Publikum als bildend und unterhaltsam einschätzt, ist es selbst Experte, und auch für die Frage, wie das eigene lokale Umfeld gestaltet werden soll, sind alle Bürger zuständig. Dies gilt sowohl für die Erhaltung und die Weiterentwicklung des kulturellen Erbes als auch die zeitgenössischen Beiträge.

Jeder kulturelle Beitrag kann vorsehbare, aber auch unvorhergesehene gesellschaftliche Reaktionen hervorrufen. Dies ist eine Gefahr, aber auch eine Chance für Kultureinrichtungen, in jedem Fall jedoch ein Beweis ihrer Relevanz. Aus der Sicht eines Museumsleiters formuliert: „Es gibt wenige Orte, an denen Debatten heute unpolemisch und fundiert geführt werden können, und ein Museum zählt absolut dazu" (Hollein 2018). Also: „Mutige Museen!" – so das Thema der Jahrestagung 2018 des Deutschen Museumsbundes.

Dabei ist es aber entscheidend, dass die Kultureinrichtungen und die kulturellen Projekte diese gesellschaftliche Erwartung nicht als eine zusätzliche Aufgabe wahrnehmen, die das Kulturmanagement an sie heranträgt, sondern es als ein genuines Werkzeug zur Überprüfung der eigenen gesellschaftlichen Wirksamkeit aufgreifen. Dies gilt für den Dialog zwischen den Kulturbetrieben und ihrem

Publikum in beide Richtungen: Der Widerhall der Aktivitäten der Kulturszene in der Öffentlichkeit bestätigt nicht nur die Wirksamkeit von Veranstaltungen, er weist gleichzeitig nach, ob die Ideen und deren Realisierung der Kulturbetriebe eine gesellschaftliche Relevanz haben. Vereinfacht: Wann ist ein kulturelles Projekt erfolgreich? Wenn darüber gestritten wird. Kulturbetriebe haben die Fähigkeit zur historisch-informierten, zeitdiagnostischen öffentlichen Intervention und sollen diese auch wahrnehmen.

Als nicht intendiertes Erbe der kritischen Position von 1968 hat sich ein ursprünglich progressives Motiv inzwischen in sein Gegenteil umgewandelt, „keine ideologisch weißen Flecken auf der Seelenkarte zu dulden, dank Aufklärung oder Berauschung ‚angstfrei' durch Welt und Leben zu gehen. Kulturphysiognomisch: der Begehr nach Eindeutigkeit, Ambivalenzreduktion, Nuancenabbau" (Große 2018, S. 86). Durch die Analysen von Jean-François Lyotard (1994) zum Ende „der großen Erzählungen" und der Begrifflichkeit des „Narratives" ist diese Tendenz verstärkt worden. Es ist deshalb die Aufgabe des Kulturmanagements, einen Beitrag zur Komplexität und zu der Widersprüchlichkeit der Welt zu leisten und damit allen Tendenzen zur Reduzierung der gesellschaftlichen Komplexität entgegen zu treten.

Durch vielfältige Entwicklungen befindet sich die Gesellschaft zurzeit in einem ständigen Veränderungsprozess, der nicht wenige Betroffene verunsichert und verängstigt. Erfolgreiches Kulturmanagement sollte in seinem Einflussbereich exemplarisch deutlich machen, dass ein erfolgreiches Changemanagement Neues nicht nur ermöglicht, sondern auch Chancen eröffnet und aktiv zielführend gestaltbar ist. Dabei sieht sich das Kulturmanagement allerdings auch mit dem Problem aller soziologischen Analysen konfrontiert, dass es sowohl selbst ein Teil der Gesellschaft ist als auch über sie forscht und reflektiert.

Wiederholt ist darauf hingewiesen, dass das Kulturmanagement von den gesellschaftlichen Entwicklungen erfasst wird (zuletzt Föhl und Glogner-Pilz 2017, S. 133). Dies ist zweifelsohne der Fall. Wichtiger ist aber, dass das Kulturmanagement seinerseits auch auf die gesellschaftlichen Entwicklungen Einfluss nehmen kann und nehmen muss.

> „Schon im Jahr 1995 stellte die FPÖ die rhetorische Frage: ‚Lieben Sie Scholten, Jelinek, Häupl, Peymann, Pasterk oder Kunst und Kultur?' Übersetzt heißt das: Kunst und Kultur sind das, was nicht wehtut und nicht anstrengt. Nicht Kritiker, sondern Schmeichler. Nicht Sparringspartner, sondern Pflegekräfte. Nicht Hofnarren, sondern Höflinge" (Scheller 2018, S. 96).

Der größte Vorteil der kulturellen Sparte der Gesellschaft gegenüber der politischen Sphäre ist, dass in der Politik am Ende der Auseinandersetzung immer der Kompromiss stehen muss. In der Kunst und Kultur dürfen unterschiedliche Protagonisten nebeneinander stehen bleiben.

Häufig kann der Kultursektor seine gesellschaftlichen Aufgaben nur im Zusammenspiel mit anderen Sektoren der Gesellschaft realisieren und dabei oft auch eine Symbiose erreichen. Dies gilt insbesondere für die Bereiche Bildung, Wirtschaft, Sport, Soziales und Raumplanung, mit denen Schnittstellen nahe liegen. Insbesondere der letzte Aspekt ist jedoch auch ein Beispiel für die Ambivalenz der Einbeziehung des Kulturmanagements in Prozesse außerhalb seines spezifischen Zuständigkeitsbereiches: Die Revitalisierung von Stadtteilen ist nicht ohne den Nebeneffekt der Gentrifizierung zu realisieren.

2.2 Demokratischer Prozess

Das System der parlamentarischen Demokratie entwickelt sich in Europa in den letzten Jahren signifikant weiter. Die Bürger geben sich nicht mehr damit zufrieden, in festgelegten Abständen der Legislaturperioden ihre Repräsentanten in die Parlamente zu wählen. Sie wollen auch bei konkreten Sachentscheidungen unmittelbar mitbestimmen. Aktuelle Beispiele sind die Volksentscheide, die in Deutschland wie in anderen europäischen Staaten zur Aufgabe von Bewerbungen um die Austragung der olympischen Spiele führten.

Als Ausweis einer lebendigen Demokratie sind diese Interventionen grundsätzlich zu begrüßen. Gleichzeitig haben sie insbesondere durch ihre Digitalisierung auch eine neue Diskussionskultur aufkommen lassen. Die rund um die Uhr zur Verfügung stehende Möglichkeit zu Stellungnahme haben „die individuelle Geduld und Achtung verkümmern (lassen), die grundlegend ist für jede direkte Demokratie: die Fähigkeit zuzuhören, zu warten, bis man das Wort erhält. Das Phänomen des Bloggens ist nur ein Beispiel – von vielen – für den Triumph eines einseitigen Selbstgesprächs, bei dem man nicht mehr warten und zuhören muss" (Crary 2015, S. 103).

Eine demokratische Gesellschaft ist jedoch kein für alle Zeiten gesichertes Gut. Sie ist darauf angewiesen, dass ihre Bürger ihre Verantwortung für das Gemeinwohl erkennen und sich an der Lösung gesellschaftlicher Probleme beteiligen. Dies macht die Demokratie zu einer Staatsform, die nicht einfach weitergegeben werden kann, sondern immer wieder gelernt werden muss. Bei der Vermittlung dieser zivilgesellschaftlichen und demokratischen Handlungskompetenzen spielt das Kulturmanagement eine wichtige Rolle.

Wo werden die für den demokratischen Entscheidungsprozess benötigten Informationen vermittelt, wo werden die Menschen dazu angeregt, sich mit einem Thema zu befassen? Und wer fungiert als das gesellschaftliche „Frühwarnsystem", bevor sich die zuständigen Institutionen mit den Problemen befassen? Eine lebendige Demokratie braucht das breite Engagement und eine breite Informiertheit.

Es ist die Aufgabe des Kulturmanagements zu einer kritischen Reflexion über diese Zusammenhänge anzuregen. The „urban space is the product of conflict" (Deutsche 1996, S. 278) postuliert die Kunsthistorikerin Rosalyn Deutsche. Ein Raum konstituiert sich nicht mehr durch geografische Parameter, sondern dort, wo die Menschen zu einem Thema – real oder virtuell – zusammen kommen und um Lösungen ringen. Kulturelle Manifestationen können der Anlass für diese Auseinandersetzungen sein, sie können der Reduzierung der Realität entgegen wirken und die Vielfalt der Herangehensweisen und der Lösungsvorschläge deutlich machen.

Die Kulturbetriebe können insbesondere einen Ersatzraum für den Verlust der Möglichkeit einer zielfreien, konsumfreien und dennoch vielfältigen Kommunikation in den bislang alltäglichen Foren des Austausches anbieten. „Früher hatten wir Clubs und Gesellschaften, den Marktplatz oder die Kneipe, um miteinander abzuhängen und uns auszutauschen. Dieser Raum gehört jetzt Facebook, und Facebook bombardiert uns mit Werbung. Kurz gefasst haben wir also zwei Firmen, Google und Facebook, die den globalen Werbemarkt bestimmen und zugleich auch die Macht haben, den öffentlichen Raum zu dominieren" (Ferguso 2017).

Die Aufgabe des Kulturmanagement ist nicht zu heilen, Widersprüche zu egalisieren und das vermeintliche Glück des Konsumierens anzubieten, sondern auf die Wunden und die ungelösten Probleme der Gesellschaft hinzuweisen.

> „Eine kodifizierte Leitkultur richtet sich an unmündige Menschen, die der Leitung bedürfen — nicht an Menschen, die ihre Kultur eigenständig gestalten. Wie eine starre Quotenregelung entbindet sie von der Verantwortung, aktiv zu werden. Sie vermischt Staat und Gesellschaft, wuchert mit einfach zu beschwörenden ‚Werten' und ‚Identität'. Anstelle lebendiger, zivilgesellschaftlicher Kultur setzt sie auf staatlich flankierte Musealisierung und Reglementierung" (Scheller 2018, S. 93 f.).

Damit ist das Kulturmanagement sowohl ein Instrument zur Demokratisierung der Kultur als auch der Kultivierung der Demokratie. Wenn sie diesem Anspruch gerecht wird, macht sie Kultur zugänglich, macht sie weniger abhängig von sozialen Schranken und von einer vermeintlich unerlässlichen Vorbildung. Dies muss der Anspruch sein, der Maßstab der Evaluierung der Aktivitäten des Kulturmanagements.

Grundlegend für die Einleitung und die Realisierung dieses Prozesses ist es, dass das Kulturmanagement einen Diskurs über den öffentlichen Raum anregt. Wer prägt den öffentlichen Raum? Sind dies nur die erfolgreichen Menschen und die erfolgreichen Produkte, die Aufmerksamkeit erzielen oder sich verkaufen wollen? Wer bestimmt über den öffentlichen Raum? Sind dies nur die meistzahlenden Marktteilnehmer oder fällt die Entscheidung im demokratischen Wettbewerb? Kulturelle Angebote sollen sich ihren öffentlichen Raum erkämpfen, um auf die eigene Arbeit aufmerksam zu machen, um ihn mit provisorischen oder permanenten Kulturbauten zu prägen und um dort Outreach-Aktivitäten anzubieten, zu denen auch diejenigen Bevölkerungsgruppen einen Zugang haben, die sonst nicht mit kulturellen Angeboten in Kontakt kommen.

Am 3. Dezember 1998 wurden die „Grundsätze der Washingtoner Konferenz in Bezug auf Kunstwerke, die von den Nationalsozialisten beschlagnahmt wurden“ (Deutsches Zentrum Kulturgutverluste 1998) veröffentlicht. Im Lauf der Zeit schlossen sich 40 Staaten dieser Erklärung an. Für Deutschland wurde am 14. Dezember 1999 eine „Gemeinsame Erklärung der Bundesregierung, der Länder und der kommunalen Spitzenverbände zur Auffindung und Rückgabe NS-verfolgungsbedingt entzogenen Kulturgutes, insbesondere aus jüdischem Besitz“ (Deutsches Zentrum Kulturgutverluste 1999) abgegeben. Gleichzeitig weiteten sich die Aktivitäten der Provenienzrecherche in Deutschland über die Zeit der nationalsozialistischen Herrschaft hinaus auf die kriegsbedingt verlagerten Kulturgüter sowie auf die Kulturgutverluste während der sowjetischen Besatzung und in der DDR aus. Dazu kommt spätestens seit 2018 die Recherche nach Kulturgut aus kolonialen Kontexten.

Während die Provenienzforschung anfangs aus inhaltlichen wie auch aus organisatorischen, finanziellen und personellen Gründen nur mühsam in Gang gekommen ist, gilt sie am 20. Jahrestag der Washington Principles als etabliert und als zentrale Aufgabe aller Kulturinstitutionen. Die Zeitläufte lassen sich nicht zurückdrehen, es lassen sich aber wenigstens die materiellen Folgen abmildern, und es lässt sich ein Beitrag zu einer Versöhnung leisten. Langfristig ist jedoch noch wichtiger, dass die Kulturbetriebe mit der Provenienzforschung einen Beitrag zu einer weitergreifenden und exemplarischen Debatte leisten: Es lassen sich mit der Provenienzrecherche Parameter für ethische Fragestellungen aufzeigen, sie eröffnet die Chance, die gesellschaftliche Bedingtheit jeder Zeitdiagnose zu beleuchten. Multiperspektivität, die bei allen Beispielen offenbar wird, zeigt, dass die eindeutigen Lösungen die schwächsten sind. Der Kompromiss, der beispielsweise mit dem Konzept „shared heritage“ zum Ausdruck kommt, ist zwar viel konfliktträchtiger, aber auch konsensfähiger und deutlich weiter zukunftsgerichtet.

2.3 Utopie und Erinnerung

Die Feststellung, dass mit dem Ende des real existierenden Sozialismus in Europa auch die Zeit der gesellschaftlichen Utopien zu Ende sei, ist zu einem Allgemeinplatz geworden. In der Gegenwart etablieren sich eher Visionen, wenn nicht nur Sachzwänge, die auf das zumindest scheinbar technisch-naturwissenschaftlich Machtbare aufbauen: künstliche Intelligenz, Nachhaltigkeit in Bezug auf die Umwelt und die Schonung der natürlichen Ressourcen sowie wertschätzende und zielorientierte Kommunikation im menschlichen Zusammenleben. Der auch in den Kulturbetrieben gepflegte Skeptizismus gegen Utopien ist insofern nachvollziehbar.

Trotzdem sollte das Kulturmanagement versuchen, der Gesellschaft einen inhaltlichen Rahmen zu geben und zur Sichtbarkeit utopischer Gesellschaftsmodelle beitragen. Obwohl das Kulturmanagement mit seinem Anspruch einer soliden Finanzierung und eines tragfähigen institutionellen Rahmens der scheinbar geborenen Widerpart eines utopischen Anspruchs sein kann, soll es auch die Möglichkeiten einer Utopie sichtbar machen. Dieses Spannungsfeld muss das Kulturmanagement nicht auflösen, sondern zu einer Synthese führen.

Kulturelle Institutionen und kulturelle Projekte können für ihr Publikum mit ästhetischen Mitteln erlebbar machen, dass eine bessere Gesellschaft möglich ist, dass es dazu optimistisch stimmende Ansätze gibt – wie das von Ernst Bloch so bezeichnete „Noch-Nicht-Bewusste“ (Bloch 2010, S. 53–72) –, dass diese aber hinterfragt und kontrovers diskutiert werden müssen, damit sie sich weiterentwickeln können. Gleichzeitig können kulturelle Manifestationen aber auch Dystopien, böse Utopien, in Katastrophen führende Negativutopien aufzeigen. Kunst und Kultur können eine Utopie vorstellen und in einem experimentellen, geschützten Raum deren Realisierbarkeit ausprobieren, ohne sich sofort einem Erfolgsdruck auszusetzen und sich sofort mit den allfälligen Gegenargumenten auseinander setzen zu müssen. Was Kulturbetriebe der Gesellschaft zur Verfügung stellen können, ist im wörtlichen Sinn ein U-Topos, ein Nicht-Raum, der als Vorschlag, als Diskursgrundlage eine Erprobung ermöglicht. „Gesellschaften und Staaten sind schon aus langfristig orientiertem Eigeninteresse gut beraten, ihre kritischen Intellektuellen und Künstler nicht als Gegner zu betrachten. Nur wer aus der Reihe tanzt, bekommt diese ganz in den Blick. Erst Dissens ermöglicht Politik … Gerade weil sie keine Akteure der Tages- und Realpolitik sind, können sie verschiedenartige Formen der Realität kombinieren oder nach neuen Formen suchen und diese erproben. Wo manche die Auflösung von Spannungen ersehnen, erhalten Kunst und Kultur diese aufrecht. Das verbindet sie mit der subversiven Kraft des Mythos“ (Scheller 2018, S. 96).

Der Soziologe und Philosoph Zygmunt Bauman beschreibt in seinem letzten zu seinen Lebzeiten abgeschlossenen Buch „Retrotopia“ – das nicht nur im Titel den Anschluss an Thomas Morus sucht – die Nostalgie als die vorherrschende Orientierung in der globalisierten Welt. Nach den Totalitarismen und den Katastrophen des 20. Jahrhunderts wird die Hoffnung auf ein besseres Leben nicht mehr in einer vorwärtsgewandten Utopie gesucht, sondern in der Erinnerung an eine vergangene Zeit. „Statt in eine ungewisse und allzu offensichtlich nicht vertrauenswürdige Zukunft investierte man alle Hoffnungen auf gesellschaftliche Verbesserungen nunmehr in ein halb vergessenes Gestern, an dem man vor allem dessen vermeintliche Stabilität und folglich Vertrauenswürdigkeit schätzenswert fand. Durch diese Kehrtwende wird die Zukunft, vormals natürliches Habitat der Hoffnung und berechtigter Erwartungen, zum Schreckensszenario drohender Alpträume: vom Verlust des Arbeitsplatzes und der an ihn geknüpften sozialen Stellung, von der Pfändung des auf Kredit erworbenen Eigenheims mitsamt allen Möbeln und sonstigen Gütern, von der Ohnmacht angesichts des sozialen Abstiegs der eigenen Kinder und des rapide sinkenden Marktwerts der eigenen mühsam erlernten und erweiterten Qualifikationen. Die Straße nach Morgen wird zum düsteren Pfad des Niedergangs und Verfalls“ (Bauman 2017, S. 14 f.).

Für das Kulturmanagement bedeutet diese Diagnose nicht nur eine berücksichtigungswürdige Skepsis gegenüber dem Phänomen der Utopie. Sie zeigt auch die Ambivalenz auf, die sich aus der Beschäftigung mit dem kulturellen Erbe einerseits und der zeitgenössischen Kultur andererseits ergibt. Diese Gratwanderung zwischen historischem Bewusstsein und dem Innovationswillen zu gestalten, ist in allen Bereichen und insbesondere im Kulturtourismus eine zentrale Aufgabe des Kulturmanagements.

„Ohne Gedächtnis kein Wissen“ (Frisch 1981, S. 14) – diese Feststellung von Max Frisch gilt für die gesamte Kulturgeschichte. Sie hat aber nach den zwei Kriegskatastrophen in Europa, die das 20. Jahrhundert zu einem „dunklen Kontinent“ (Mazower 2000) werden ließen, eine noch weiter gehende Bedeutung angenommen. Insbesondere gilt „dies für die Erinnerung an die Shoah, die als historisch beispielloser Zivilisationsbruch mittlerweile fest im kulturellen Gedächtnis der gesamten Menschheit verankert ist und heute in einer kosmopolitischen Erinnerungskultur und in einer universellen Ethik vor dem Vergessen bewahrt wird“ (Schönhoven 2007, S. 15). Auch das Kulturmanagement muss sich dieser Prägung jeder kulturellen Aktivität bewusst sein. Dies gilt insbesondere für das Land der Täter des Nationalsozialismus, schließt aber auch alle Menschen in Europa ein, die sich in einer immerwährenden Erinnerungsgemeinschaft befinden. Dies bedeutet nicht, dass die Grenzen zwischen Tätern und Opfern verwischt werden sollen. Vielmehr ist bei den jetzt die Verantwortung tragenden

Generationen davon auszugehen, dass diese Unterschiede bekannt und bewusst sind. Auf dieser Grundlage entsteht eine gemeinsame Verantwortung für die Bewahrung der Demokratie und eine Sensibilität für deren stetige Gefährdung, die als Maßgabe auch für das Kulturmanagement eine Maxime darstellt.

Nach Martin Heidegger ist der Mensch ein Wesen, das vor allem verstehend existiert, indem es über sich selbst und über die Welt nachdenkt und Beschreibungen seiner selbst und der Welt hervorbringt. Der kanadische Politikwissenschaftler und Philosoph Charles Taylor brachte diesen Sachverhalt auf die prägnante Formel, man müsse sich „den Menschen als ein sich selbst interpretierendes Tier vorstellen" (Taylor 1975, S. 171).

Der Mensch sucht immer wieder Sinnangebote im Hinblick auf die Deutung seines Lebens und eines möglichen Entwurfs alternativer Lebensmodelle. Für diese permanente Aufgabe braucht er allerdings – wenn er sich nicht nur im zwangsläufig immer selektiven Spektrum der eigenen Wahrnehmung bewegen will – Vorschläge und Vorbilder, auf die er sich beziehen und mit denen er sich zustimmend oder ablehnend auseinandersetzen kann. Die Erwartung der Wahrnehmung dieser Aufgabe der Orientierung und Sinnstiftung durch die Kultur ist als Folge der Komplexität und damit zwangsläufigen Unübersichtlichkeit der Moderne und der Postmoderne deutlich gestiegen. Der Preis der Freiheit ist die Notwendigkeit, ständig Entscheidungen treffen zu müssen. Zur Qualifizierung dieser Entscheidungen gehören aber Kenntnisse über die Entstehung von Identitäten und deren mögliche Alternativen. Historisches Bewusstsein – die Auseinandersetzung mit dem kulturellen Erbe – hilft in diesem Prozess ebenso wie Visionen – die beispielsweise im künstlerischen Schaffen von Zeitgenossen sichtbar werden. Diese Rolle bei der Herausbildung von Identitäten wie bei der Abgrenzung von Individualitäten brachte den Museen zu Recht das Prädikat einer „Identitätsfabrik" (Korff und Roth 1990) ein.

Die traditionellen Antworten auf die urmenschlichen Fragen nach dem Woher und dem Wohin und der Auseinandersetzung mit den kulturübergreifendes Phänomen, dass etwas wie eine Seele über den Tod hinaus bestehen kann, sind mit der Säkularisierung der Gesellschaft in der Moderne verloren gegangen. Zumindest der Normenkanon der Kirchen wird inzwischen nicht einmal mehr von den eigenen Mitgliedern als verbindlich angesehen.

Der Kulturlandschaft wird auch die Funktion einer Nachfolge für die metaphysisch legitimierten Religionen zugeschrieben. Die bezeichnender Weise „Kunsttempel" genannten Museumsgebäude, die im 19. Jahrhundert ganz offensichtlich in architektonischer Konkurrenz zu den Kathedralen entstanden, bringen dieses Konkurrenzverhältnis deutlich zum Ausdruck. Dieses Konkurrenzverhältnis ist zwar längst einem oft undifferenzierten Synkretismus oder einem „Konzept der multiplen Modernen“ (Gabriel 2008, S. 14), das die Säkularisierungsthese ebenso ablöst wie Max Webers „Wiederkehr der Götter“, gewichen. Die zeitgenössische Konkurrenz in den Innenstädten für die Kathedralen wie für die Kultureinrichtungen sind inzwischen die Apple Stores. Trotzdem agieren Kunst und Religion immer noch auf einander überlagernden Feldern.

Fragen der Kultur und der Begründung von Werten sowie der Entstehung von Wertekonflikten stehen in einem ursächlichen Zusammenhang miteinander, weil erst durch die Zuschreibung zu einem Wertekanon aus den Dingen des Alltags Kultur entsteht. „Der Begriff der Kultur ist ein Wertbegriff. Die empirische Wirklichkeit ist für uns ‚Kultur‘, weil und sofern wir sie mit Wertideen in Beziehung setzen, sie umfaßt diejenigen Bestandteile der Wirklichkeit, welche durch jene Beziehung für uns bedeutsam werden, und nur diese“ (Weber 1988, S. 175).

Dabei gilt die Notwendigkeit einer Antwort auf die Frage nach dem Ziel aller Bemühungen für Parteien, Einrichtungen und Organisationen, aber auch für Staaten und Staatenbündnisse im selben Maße wie für Individuen. Kulturmanagement kann und muss auch dazu einen Beitrag leisten. Nicht zufällig wird in der politischen Diskussion immer wieder gerade dann auf wirkliche oder scheinbare Fragen der Kultur zurückgegriffen, wenn die Gesellschaft – zum Beispiel angesichts einer unerwartet großen Zahl von Migranten – nicht mehr weiß, was sie zusammenhält oder zumindest zusammenhalten soll.

Gesellschaftliche Entwicklungen 3

3.1 Kulturelle Vielfalt

Der grundlegende Gedanke, der eine Diskussion um eine kulturelle Vielfalt erst aufkommen lässt, ist die Vorstellung, dass Kultur etwas Räumliches und damit Nationales wäre. Jede Kultur macht aber auch alle Wanderbewegungen ihrer Träger mit. Dies gilt für die Flüchtlinge und Vertriebenen nach dem Zweiten Weltkrieg, für die Gastarbeiter in den 1960er Jahren, für die Spätaussiedler aus Osteuropa und für die Migration aus politischen und wirtschaftlichen Gründen. Die kulturelle Vielfalt ist deshalb Realität.

> „Nichts vom Aussen (sic) Abgeschlossenes vermag jedoch auf Dauer zu bestehen, weil wir uns als intelligente Spezies dank unzähliger technischer Erfindungen wie sozialer Errungenschaften die Natur angepasst haben, um schliesslich (sic) in der heutigen Informationsgesellschaft leben zu können. Ob die Kultur eines Ackers oder einer Schrift, das Konzept des Faustkeils oder eines Gottes: alles beruht auf Denkformen, die evolvieren und dabei die Welt um sich verändern" (Schrott 2018, S. 8).

Keine Entwicklung bleibt isoliert, egal ob sie eine denkerischer Errungenschaft oder für einen kommerziellen Gebrauch konzipiert ist. Was sich unter Umständen beeinflussen lässt, ist nur die Geschwindigkeit ihrer Ausbreitung.

Die Themen, mit denen sich das Kulturmanagement befasst, sind davon nicht nur nicht ausgenommen, sondern ein Nukleus des Prozesses, weil in ihnen die Unterschiede besonders schnell und besonders intensiv offensichtlich werden. Nach Freud sind ästhetische Produktionen die Regelungen der „Beziehungen der Menschen untereinander" (Freud 1994, S. 56).

Damit steht das Kulturmanagement vor keiner geringen Aufgabe: Einerseits soll es den Anspruch auf eine universelle Menschheit bewusst machen

B. M. Hoppe, *Kultur in der demokratischen Gesellschaft,* essentials,
https://doi.org/10.1007/978-3-658-26684-4_3

und andererseits die Zugehörigkeit von Individuen zu verschiedenen Kulturen anerkennen. Das Kulturmanagement muss Gemeinschaft stiften und gleichzeitig eine Differenzierung ermöglichen.

Es gab noch niemals eine die gesamte Welt umspannende Kultur. Die derzeitigen Hausforderungen ergeben sich jedoch daraus, dass in der postmodernen Gesellschaft und angesichts der Globalisierung Entwürfe, die lange unbehelligt parallel und voneinander unabhängig tradiert wurden, nicht in eine vermeintliche und bestenfalls nichtssagende oder postkoloniale Synthese gebracht werden, sondern der Dialog angestiftet und auch die eigentlich inkompatiblen Erzählungen wechselweise anschlussfähig und zukunftsträchtig gemacht werden müssen.

Im Alltag besteht – wenn auch eher implizit als explizit – ein breiter Konsens, dass die kulturelle Prägung des Gemeinwesens vielfältig ist. Das gastronomische Angebot und die Konsumangebote einer beliebigen Großstadt sind beredtes Zeugnis dafür. Humanismus, Aufklärung, die Errungenschaften der Französischen Revolution, die Menschenrechte und viele zwangsläufig globalen Herausforderungen sind ihre Grundierung. Nur wenn in der Gesellschaft aus aktuellen Anlässen eine Debatte um Migration und Überfremdung angezettelt wird, wird der bis dahin stillschweigende und ungeschriebene Konsens scheinbar brüchig, „weil Menschen ihrer Natur nach nur beschränkt ambiguitätstolerant sind und eher danach streben, einen Zustand der Eindeutigkeit herzustellen, als Vieldeutigkeit auf Dauer zu ertragen. Ein Zustand der Ambiguität ist mithin ein labiler“ (Bauer 2018, S. 16). Eine Hierarchisierung ist dann scheinbar zielführender als das Akzeptieren der Komplexität und der Unübersichtlichkeit und das gelassene Aushalten der Ambiguität. In diesen Situationen wird Kultur vor allem als Abgrenzung wahrgenommen, nicht mehr als Brücke. Oder, wie Adorno konzediert hat: „Das vornehme Wort Kultur tritt anstelle des verpönten Ausdrucks Rasse, bleibt aber bloßes Deckbild für den brutalen Herrschaftsanspruch“ (Adorno 1975, S. 276 f.).

Kulturelle Manifestationen sind per se das Ergebnis einer kulturellen Vielfalt. Die kulturelle Sphäre ist schon deshalb nicht national, weil ihre Akteure nicht nur einer Nation angehören, sondern durch ihre Zugehörigkeit zu der kulturellen Produktionsgemeinschaft einer weiteren, einer transnationalen und gegenüber dem Nationenbegriff quer verlaufenden Gruppe angehören, wie es auch bei den Mitgliedern einer Glaubensrichtung, bei den Menschen, die eine bestimmte Sportart praktizieren und in vielen ähnlichen Fällen evident ist.

Nur „lokalgeschichtliches Wissen statt Regionalfolklore“ (John 2016) kann einen Heimatbegriff auch in Zeiten der Krisen und des Umbruchs sichtbar, trag- und wandlungsfähig machen. Auch die dreiteilige Filmreihe des Klassikers des deutschen Heimatfilms, Edgar Reitz’ „Heimat“ von 1981 bis 2012, liegt kein statischer, sondern ein dynamischer Heimatbegriff zugrunde: Die Figuren kehren zwar immer wieder in ihre Heimat zurück, aber in anderen Konstellationen der Erzählung und des sozialen Gefüges. Die Kulturlandschaft sollte deshalb im Rahmen der kulturellen Vielfalt mehr experimentieren und in den einschlägigen Debatten hörbar Stellung beziehen. Sie ist auch deshalb dazu prädestiniert, weil sie im Gegensatz zu politischen Entscheidungsstrukturen Fragen und verschiedene Lösungsmöglichkeiten offen lassen kann. „Vielfalt ist weder ein positiver noch ein negativer Wert *per se* (Hervorhebung im Original). Sie kann nicht dekretiert werden. Vielfalt muss verhandelt, gewollt, erprobt und erlebt werden. Man muss um sie werben, muss ergebnisoffen für sie argumentieren, darf sie nicht als ‚selbstverständlich' setzen" (Scheller 2018, S. 94).

Die Beiträge von Kunst und Kultur können weder die Gesetzgebung ersetzen noch ihr vorgreifen. Sie können aber deutlich machen, welche Regelungen des Verhältnisses zwischen dem Staat und dem Individuum noch in der Gesellschaft ausgehandelt werden müssen und welche Perspektiven noch ein Desiderat für die Zukunft sind. Mit ästhetischen Mitteln kann eine Heimat wahrnehmbar gemacht werden, die mehr ist als eine reale Heimat, ein Ausdruck einer Sehnsucht, einer Hoffnung, die noch nicht real ist, möglicher Weise nie real wird, aber dennoch ein Ziel der Überlegungen und des Handelns sein kann, ein Heimatbegriff, der Identifikation ermöglicht und auch verlangt, ohne dass er sich geografisch bestimmen lässt.

Der Heimatbegriff als Kontrapunkt jeder Diskussion um die kulturelle Vielfalt ist zumindest in Deutschland durch die jüngere Geschichte ambivalent. Die Identifikation mit der kulturellen Vielfalt setzt das Bekenntnis zur Erinnerungsgemeinschaft voraus. Navid Kermani berichtet von einem Besuch in Auschwitz: „Wenn es einen einzigen Moment gibt, an dem ich ohne Wenn und Aber zum Deutschen wurde, dann war es nicht meine Geburt in Deutschland, es war nicht meine Einbürgerung, es war nicht das erste Mal, als ich wählen gegangen bin. Schon gar nicht war es ein Sommermärchen. Es war letzten Sommer, als ich den Aufkleber an die Brust heftete, vor mir die Baracken, hinter mir das Besucherzentrum: deutsch" (Kermani 2017). Die Folie, vor deren Hintergrund die kulturelle Vielfalt gelehrt und gelebt wird, wird es sein,

> „Auschwitz nicht nur als Menschheitsverbrechen, sondern als eigene Geschichte zu begreifen, nicht nur als Vergangenheit, sondern als Verantwortung Deutschlands. … Wenn etwas spezifisch wäre an der deutschen Leitkultur, die dieser Tage wieder eingefordert wird, wären es nicht Menschenrechte, Gleichberechtigung, Säkularismus und so weiter, denn diese Werte sind durchweg europäisch, wenn nicht universal; es wäre das Bewusstsein seiner Schuld, das Deutschland nach und nach gelernt und auch rituell eingeübt hat" (ebd.).

Damit stehen die Kulturbetriebe vor der Aufgabe, die kulturelle Vielfalt deutlich zu machen ohne spezifische kulturelle Ausprägungen zu negieren oder sie gegeneinander auszuspielen. Sie sind für diese Aufgabe aber prädestiniert, weil die Multiperspektivität mit kulturellen Manifestationen besser realisierbar ist als in einem intellektuellen Diskurs. Sie argumentieren mit ästhetischen Einsichten, die jeder Mensch grundsätzlich an jedem Ort und zu jeder Zeit nachvollziehen kann und die nicht auf vorausgesetztem angeeignetem Wissen beruhen. Vor diesem Hintergrund argumentierte Michel Houellebecq: „Aber ganz sicher wird es Europa nicht geben, wenn es keine europäische Kultur gibt … Es ist ein Irrweg, Europa über die politische Union zusammenzuführen. Die Kulturgemeinschaft wäre vielversprechender" (Houellebecq 2017). Und in seltener Einigkeit mit ihm äußerte der französische Staatspräsident Emmanuel Macron am 10.10.2017 zur Eröffnung der Frankfurter Buchmesse: „Ohne Kultur gibt es kein Europa" (Macron 2017).

Ob sich die Kulturlandschaft dieser Aufgabe und den neuen strukturelle Bedingungen bereits in ihrer Breite geöffnet hat, steht noch zur Debatte (Föhl und Wolfram 2016). Dass diese Transformation sich zumindest in den sogenannten Leuchttürmen durchgesetzt hat, ist offensichtlich. „Diese Öffnung strahlt ab, kaum eine Institution hat sich in den vergangenen Jahren so verändert wie das Museum. Kunstmuseen haben sich nicht nur internationalisiert, sondern wollen die demokratische Gesellschaft, die sie unterhält, auch reflektieren. Die Folge ist eine „Dekolonisierung" der Häuser: Ein deutsches Museum ist ein Ort, an dem sich die Enkel türkischer Gastarbeiter, albanische Migranten und syrische Flüchtlinge genauso ihrer Identität versichern sollen können, wie die Nachfahren der Städel-Gründer. … Museen sind mehr als Schatzhäuser. Es sind vielmehr Orte, an denen eine Gesellschaft sich ihrer selbst versichert. Sei es Kunst oder Kulturgut – im Museum bewahren, betrachten und pflegen Gemeinschaften vor allem die eigene Identität. Viele Jahrhunderte stand, zumal in Deutschland, der Gedanke einer nationalen Kunst im Mittelpunkt. Doch das ist vorbei" (Lorch 2018).

Unter der Annahme einer kulturellen Vielfalt kann es auch lokal keine statische Kultur geben, in die sich „die Anderen", die nicht zu ihr gehören, integrieren können, sollen oder müssen. In einer Multiperspektivität können nur wechselseitige Einflussnahmen entstehen, die im besten Fall zu einer Weiterentwicklung beitragen. Jede praktische Beobachtung und jede theoretische Analyse belegen die verschiedenen Dimensionen „des Begriffs Kultur, wie zentral er für ein Verständnis sozialer Phänomene und unseres Lebens in der Gegenwart ist. Kultur ist die Software, die unser Leben bestimmt. Wir denken, fühlen und handeln, indem wir ihren Regeln folgen. Diese sind aber nicht unveränderbar, sondern werden durch unsere Praktiken auch transformiert" (Winter 2011, S. 10). Die

Realisierung eines kulturellen Transformationsprozesses – beispielsweise im lokalen Raum oder der Übergänge der Bereiche von „Ernst“ und „Unterhaltung“ – erfolgt besonders zielführend im Sinne eines positiv besetzten „Crossovers“ (Düllo 2011, S. 47), das die Verschiebung, Artikulation und die Vermittlung kultureller Praktiken in den Mittelpunkt stellt.

3.2 Finanzierung

Bund, Länder und Gemeinden stellten 2015 10,4 Mrd. EUR für Kultur zur Verfügung. Im Vergleich zum Vorjahr mit 10,2 Mrd. EUR entsprach dies einem Anstieg von 1,7 %, gegenüber 2005 einer Steigerung von 30,5 % (2005: 8,0 Mrd. EUR). Wie in den Jahren zuvor wurde der überwiegende Teil der Kulturausgaben 2015 von Ländern und Gemeinden bestritten (40,3 % bzw. 44,9 %). Die Länder (einschließlich Stadtstaaten) stellten ein Budget von 4,2 Mrd. EUR und die Gemeinden von 4,7 Mrd. EUR zur Verfügung. Das in der Kulturlandschaft so sehr gefürchtete Damoklesschwert der freiwilligen kommunalen Aufgabe wurde offensichtlich wenig angewandt oder hat sich als stumpf erwiesen. Der Bund stellte weitere 1,5 Mrd. EUR (14,8 %) für Kultur bereit.

Die Entwicklung der Kulturausgaben verlief uneinheitlich. Betrachtet man die Landes- und Gemeindeebene gemeinsam, stiegen die öffentlichen Mittel für Kultur in den Flächenländern zwischen 2014 und 2015 um 1,6 %, während sie in den Stadtstaaten um 3,0 % sanken. Die Ausgaben des Bundes erhöhten sich im gleichen Zeitraum um 5,9 %. Damit entsprachen die Öffentliche Kulturausgaben 0,34 % des Bruttoinlandsprodukt (Statistische Ämter des Bundes und der Länder 2018).

Diese Zahlen – und insbesondere die Steigerungen – stehen in einem offensichtlichen Widerspruch zu der gleich bleibenden Tendenz der Kulturnutzung in der Bevölkerung. Die Beobachtung, dass die beiden Entwicklungen nicht im Einklang stehen und dieser offensichtlich auch nicht angestrebt wird, liegt nahe. Die für die Kulturbetriebe unbestreitbaren Vorteile der öffentlichen Finanzierung – wie die relative Verlässlichkeit des Mittelgebers und die geringe inhaltliche Einflussnahme – haben offensichtlich auch eine Kehrseite.

Nach der einzigen verlässlichen Zahl zum Kultursponsoring, die allerdings auf der schmalen empirischen Basis von 265 Unternehmen beruht, betrug deren durchschnittliches Engagement in Form von Spenden, Sponsoring und Stiftungsmitteln im Jahr 2008 im kulturellen Bereich rund 300.000 EUR. Die zukünftige Bedeutung wird – zum Zeitpunkt der Umfrage – grundsätzlich als positiv eingeschätzt, wobei die Mehrzahl der Unternehmen von einem Bedeutungserhalt ausgeht (54 %), ein nur wenig kleinerer Teil prognostiziert einen Bedeutungszuwachs (41 %). Zwei Drittel der kulturfördernden Unternehmen sind im Süden und in der Mitte Deutschlands ansässig (Kulturkreis der deutschen Wirtschaft im BDI e. V. 2012).

Die 253.200 Unternehmen der Kultur- und Kreativwirtschaft erwirtschafteten im Jahr 2016 einen Umsatz von 154,4 Mrd. EUR. Die Unternehmenszahl und der Gesamtumsatz nahmen um mehr als ein Prozent im Vergleich zum Jahr 2015 zu. Die Zahl der sozialversicherungspflichtig Beschäftigten ist im Jahr 2016 um 3,5 % auf 864.000 Beschäftigte angestiegen (Bundesministerium für Wirtschaft und Energie 2017).

Die Kulturbetriebe sind in Deutschland durch öffentliche Gelder im Grundsatz gesichert und deshalb nicht von der Nachfrage des Publikums abhängig. Dieser Umstand bietet zweifellos auch inhaltliche Vorteile. Beispielsweise werden so künstlerische Innovationen und Experimente möglich gemacht. Gleichzeitig droht aber auch die Gefahr einer Abkoppelung von den Bedürfnissen und Wünschen derer, die die Adressaten des kulturellen Angebots sein sollten. Nicht selten resultiert daraus eine tendenzielle selbstreferenzielle Beschäftigung der Kulturbetriebe mit sich selbst. Und dort, wo die Publikumswünsche zum Maßstab genommen werden, sind es tendenziell die eigenen, vagen Vorstellungen über dessen Wünsche. Man glaubt nur, das Publikum – mitunter sogar in seinen latenten, nicht bewussten Bedürfnissen – zu kennen. Eine „teilhabeorientierte Kulturvermittlung“ (Mandel 2016) lässt sich daraus nicht ableiten.

Wenn das Kulturmanagement zu einer Erneuerung der Kulturbetriebe und zur Gewinnung breiterer Schichten des Publikums beitragen will, impliziert dies unter finanziellen Aspekten in erster Linie nicht eine Diskussion um Sparen oder Ausbauen, sondern um die Frage, was erreicht werden soll. Die erste Voraussetzung dafür ist die Umstellung der öffentlichen Förderung von einem Input-System zu einem Output-System: Es geht zunächst nicht um die unerlässliche Finanzierung, sondern um die Festlegung von Zielen, die realisiert werden sollen. Die öffentliche Hand sollte jenseits der bisherigen buchhalterischen und beleghaften Prüfung des Verwendungsnachweises im Nachhinein künftig zwischen dem Zuwendungsgeber und dem Zuwendungsempfänger inhaltliche Ziele, welcher Art auch immer, im Voraus festlegen. Dieses Vorgehen bindet Ressourcen, ist aber unerlässlich, wenn nicht nur allgemeine Ziele erreicht werden sollen. Bei unternehmerischen Engagements und bei gemeinsamen Vorhaben mit der Kulturwirtschaft ist es immer schon unerlässlich und auch üblich, die gemeinsamen, möglicher Weise auch konkurrierenden, Ziele zu vereinbaren. Unter diesen Umständen ist auch die anschließende Evaluation keine zusätzliche Aufgabe mehr, sondern systemimmanent. Die in den Blick genommenen Ziele können ästhetische Ziele sein, unterhaltsame Ziele oder Ziele der Publikumsgewinnung. Die Grenzen sind durchlässig und nicht widersprüchlich. Und wenn die Frage der Zielerreichung zu verneinen ist, sollte nicht nur eine Modifikation des Projektes in Betracht kommen, sondern auch der Mut zur nachvollziehbar begründeten Abschaffung vorhanden sein.

3.3 Quantität

> „Eurokrise, Globalisierung, Demografie, Migration, Digitalisierung – ungeheuer sind die Fliehkräfte, die aus den gesellschaftlichen Veränderungen erwachsen. Kirchen werden geschlossen, weil es an Gläubigen mangelt, Schulen aufgelöst, weil weniger Nachwuchs kommt, Krankenhäuser werden von Heilanstalten zu Reparaturgaragen umgewandelt, aus denen man die Patienten so rasch wie möglich wieder nach Hause schickt, sogar Atomkraftwerke werden abgestellt, weil die Gesellschaft andere Energiequellen wünscht – nur im Bereich von Kunst und Kultur soll alles so bleiben, wie man es, ausgehend vom Geheimrat Goethe, überzogen mit bürgerlicher Gesellschaftspädagogik, instrumentalisiert von den Sinnspendern der siebziger Jahre, eingerichtet hat?" (Haselbach et al. 2012, S. 11 f.).

So wurde vor sieben Jahren argumentiert. Die Feststellung ist zwar zweifelsohne polemisch formuliert, dies kann aber nicht der einzige Grund sein, warum sie weitestgehend ungehört geblieben ist.

Kulturpolitische Konzepte gingen und gehen immer noch von einer meist ungeschriebenen, nicht selten aber auch von einer expliziten Prämisse aus, dass die Kulturlandschaft möglichst erweitert, zumindest aber erhalten werden müsse. Dass eine Debatte über die Quantität der Kulturbetriebe nicht nur im Kulturmanagement, sondern in der gesamten Gesellschaft – ungeachtet der niedrigen Zahlen der Kulturnutzung – nicht geführt wird, ist eine Folge des Nimbus´, der die Kultur umgibt. Jeder Beitrag zu solchen Debatten bringt sich allgemein in den Verdacht des Kulturbanausentums und in Fachkreisen in den Verdacht, zu einer Kürzungsdebatte, wenn nicht zur Abschaffung bestimmter Sparten oder Institutionen beitragen zu wollen. Was sich breit gemacht hat, ist ein Strukturkonservativismus, der nach Organisationen fragt, zuungunsten eines Wertekonservatismus, der in erster Linie die Frage aufwirft, welcher Beitrag zur gesellschaftlichen Entwicklung geleistet werden soll.

Nach den Zahlen des Instituts für Museumsforschung für 1991 wurden in 4316 Museen in diesem Jahr 92.400.200 Besuche gezählt (Staatliche Museen zu Berlin 1992, S. 7). 2016 wurden in 6712 Museen 111.877.085 Besuche gezählt (Staatliche Museen zu Berlin 2017, S. 7). In 25 Jahren hat sich die Anzahl der

Museen um mehr als die Hälfte erhöht, die Besucherfrequenz jedoch nur um gut 10 %. Nach der Einschätzung der Direktorin der Staatsgalerie Stuttgart, Christiane Lange, müsste man pro Tag 9,3 Kunstausstellungen besuchen, wenn man in einem Jahr alle in Deutschland sehen wollte (Voss 2015). „Elf Sekunden, drei Atemzüge lang, verbringt der durchschnittliche Betrachter vor einem durchschnittlichen Kunstwerk“ (Rauterberg 2012). Die klare Botschaft hinter den empirischen Befunden ist: Theoretisch soll der Ausbau zu mehr thematischer und regionaler Vielfalt beitragen, in der Praxis machen sich die Museen gegenseitig Konkurrenz. Dies gilt nicht nur für Deutschland (Sensen 2011) und nicht nur für das Museumswesen: Seit 1977 haben sich die Volkshochschulen versechsfacht, die öffentlichen Bibliotheken versiebenfacht, die Musikschulen verachtfacht (Haselbach et al. 2012, S. 16).

Letztlich ist diese Entwicklung eine Übertragung der Marktwirtschaft, die auf Wachstum ausgelegt und darauf zumindest vermeintlich angewiesen ist, auf den Kultursektor. „Der Ausdruck ‚Wachstum‘ ruft stets positive Konnotationen hervor. … Wir müssen damit rechnen, dass diese Wertschätzung von ‚Wachstum‘ ideologisch genutzt wird“ (Böhme 2016, S. 7). Dieser Trugschluss ist in vielen Bereichen der Gesellschaft zu beobachten: Was sich in der Marktwirtschaft – an Methoden wie an Personen – bewährt hat, wird selbstverständlich auch für den gemeinnützigen wie auch für den Non-Profit-Sektor als hilfreich eingeschätzt. Diese Sichtweise verkennt aber, dass die unterschiedlichen Sektoren nicht nur verschiedene Fragestellungen bearbeiten, sondern deshalb auch verschiedene Werkzeuge anwenden müssen. „Was gefährdet die Zukunft des Museums? Das kapitalistische Modell vom ständigen Wachstum. Alle glauben zu wissen, dass nur wer wächst nicht stirbt. Das war jahrhundertelang in unserer Gesellschaft nicht so. Es war in Ordnung, wenn es stabil blieb. Wenn jemand heute stagnierende Zahlen hat, heißt es: Um Gottes willen, diese Firma wird es nächstes Jahr schon nicht mehr geben. Das macht die Kunstwelt seit etwa zwanzig Jahren, ohne danach zu fragen, ob das gut und richtig ist, bedingungslos nach“ (Voss 2015).

Diese Haltung kann schon angesichts des demografischen Wandels nicht aufrechterhalten werden. Gleichzeitig kann sie aber nicht fortgesetzt werden, weil an die bestehenden Kulturbetriebe neue und gesteigerte inhaltliche Anforderungen gestellt werden: Erschließung neuer Besucherschichten, Aufwertung des pädagogischen Angebots, Aktualisierung der medialen Präsenz und viele andere. Gemeinsam ist diesen Aspekten, dass sie mit steigenden Personalkosten und Betriebskosten einhergehen und deshalb eine Konzentration des Angebots verlangen.

Das Kulturmanagement muss sich deshalb auch dem Auftrag der kritischen Überprüfung der jeweiligen Mission und der sachgerechten Vernetzung der Kulturbetriebe stellen. Dabei geht es nicht mehr allein darum, möglichst viele der Einrichtungen zu bewahren, sondern vielmehr nach ihrer veränderten Rolle zu fragen: Wen wollen sie erreichen? Wie soll ein attraktives Kulturangebot für die Stadt und die Region und für alle Besuchergruppen in Zukunft aussehen? Wie kann es möglichst schlank organisiert werden?

Die Prämisse, unter der diese Fragen diskutiert werden sollten, ist weder ein beabsichtigtes Sparprogramm noch ein Ausbauprogramm, sondern ein Programm, das die Kulturlandschaft zukunftsfähig macht. Die bloße Tradition und die individuellen Vorlieben der Träger wie der Leitung dürfen dabei kein Argument sein, sondern die gesellschaftliche Relevanz und die Alleinstellung der jeweiligen Institution. Es gibt viele Alternativen zwischen dem Status quo und dem Schließen einer Einrichtung: kollegiale und institutionelle Kooperationen, Vernetzungen inhaltlicher Art oder regional, Konzentration bestimmter Bereiche wie der Verwaltung oder der Werkstätten, gemeinsames Marketing und gemeinsame Öffentlichkeitsarbeit. Dass diese Überlegungen erfahrungsgemäß tendenziell zugunsten der großen Einrichtungen im urbanen Raum und zuungunsten der kleineren im ländlichen ausgehen, ist zutreffend. Ein Argument, diese Diskussion überhaupt nicht zu führen, lässt sich daraus aber nicht ableiten.

Die Kulturlandschaft schwankt zwischen den Erfolgsmeldungen aufsehenerregender Neu- und Erweiterungsbauten sowie spektakulären Neu- und Rückerwerbungen einerseits und der permanenten Klage des Geldmangels andererseits. „Das ist auf Dauer wenig überzeugend. Stattdessen sollte es Kulturpolitik darum gehen, die kulturelle Infrastruktur – wie andere öffentliche Leistungssysteme auch – anhand empirischer Daten und Fakten zu beschreiben und sie ins Verhältnis zu setzen zu den kulturellen Interessen der Menschen, um auf diese Weise auf Chancen und Fehlentwicklungen aufmerksam machen zu können“ (Sievers 2017, S. 37).

Immerhin ist die Debatte schon auf der obersten Ebene der staatlichen Kulturfinanzierung angekommen: Die Stiftung Preußischer Kulturbesitz, die 2012 noch als eindrückliches Beispiel für die Symptome des Zusammenbruchs der Kulturlandschaft verwendet wurde (Haselbach et al. 2012, S. 51–55), ist inzwischen Anlass für ein einschlägiges Umdenken. Die Beauftragte der Bundesregierung für Kultur und Medien räumt inzwischen ein: „Es war ja vor rund 60 Jahren so, dass die junge Bundesrepublik eine Entscheidung treffen musste, wie sie mit dem preußischen Erbe umgehen will. Daraus entstand die Stiftung Preußischer Kulturbesitz. Nach mittlerweile sechs Jahrzehnten wollen und müssen wir prüfen, ob alles so bleiben kann und ob die Struktur von damals den Aufgaben von heute noch gerecht wird. Denn es stimmt, es sind oft zu wenige Besucher, es gibt schwierige Hierarchien, es herrscht mitunter noch eher ein Amtsverständnis und zu wenig ein Service- und Dienstleistungsdenken“ (Hammelehle und Knöfel 2018).

Bildung und Freizeit

4

4.1 Bildung und Freizeit und informelles Lernen

Versteht man Bildung als reflektierendes Denken und darauf aufbauendes Handeln, dann ist Bildung mehr als die Informationsaufnahme und die Anhäufung von Wissen. Bildung soll eine Vorstellung für die Entfaltung einer Persönlichkeit vermitteln und ein umfassendes Entscheidungswissen zur Verfügung stellen. Dies ist das Erbe der europäischen Aufklärung, die Antwort Kants auf die Frage: Was ist Aufklärung?

Mit Beginn der Industrialisierung wurde die Bildung neben ihrer aufklärerischen Funktion immer mehr mit dem Ziel instrumentalisiert, die Menschen als Arbeitskräfte für die Wirtschaft, aber auch für den Staat und die Gesellschaft ziel- und zweckgerichtet anschlussfähig zu machen. Erst die gesellschaftlichen Umbrüche im letzten Drittel des 20. Jahrhunderts, die auch neue Arbeitsorganisationen und Führungsstile erforderten, haben neue Interessen an einer vielseitigen subjektorientierten Bildung hervorgebracht, die nunmehr „Schlüsselqualifikationen" genannt werden. Damit bleiben aber die Inhalte, die erkenntnisleitenden Interessen und die Methoden, die im Vordergrund stehen, weiterhin auf die unmittelbare Verwertbarkeit im Sinne der individuellen Beschäftigungsfähigkeit und der Marktkompatibilität sowie der Wirtschaftsinteressen fokussiert.

Die Europäische Kommission versteht die EU als „einen europäischen Raum des lebenslangen Lernens", sieht darin aber in erster Linie auch „die Aufgabe, den Menschen einen aktiven Umgang mit den Folgen von Globalisierung, demografischem Wandel, digitaler Technologie und Umweltschäden zu ermöglichen. Die Menschen mit ihren Kenntnissen und Kompetenzen sind aber der Schlüssel für die Zukunft Europas" (Europäische Kommission 2002, S. 9).

Kulturbetriebe leisten im Bildungssektor einen Beitrag zur Mündigkeit und zu einem freien Entscheidungswissen, das versucht, möglichst allen menschlichen Rollen – eben nicht nur der Erwerbstätigkeit – gerecht zu werden. Die betrifft

B. M. Hoppe, *Kultur in der demokratischen Gesellschaft,* essentials,
https://doi.org/10.1007/978-3-658-26684-4_4

die Entwicklung aller menschlichen Fähigkeiten und die Auseinandersetzung des Menschen mit der Gesamtheit seiner Lebenswelt und nicht zuletzt das Stiften und das Herstellen von Zusammenhängen. Die aktuell weltweit wahrzunehmenden Tendenzen der Gefährdung der Demokratie und einer gesellschaftlichen Solidarität sowie die zunehmenden Erfolge des Rechtspopulismus machen deutlich, dass der unreflektiert eingeschränkte Bildungsbegriff zu kurz greift. Alle Sparten der Kunst und der Kultur und alle mit ihrer Vermittlung befassten Einrichtungen bieten dazu Alternativen an. Kultureinrichtungen sind schon immer prädestiniert für den „Cross-Over", für die Verbindung zwischen Unterhaltung und Lernen, zwischen Bildung und Freizeit.

Entgegen der zumeist unreflektierten Erwartung der meisten im Kulturbereich Tätigen ist – auch im langjährigen Vergleich – nicht das Bedürfnis nach Information und Wissen das primäre Motiv für den Besuch einer Kultureinrichtung, sondern der Wunsch nach Unterhaltung und Entspannung bei einem geselligen Erlebnis. Unter den Erwartungen der Bevölkerung bei einem Kulturbesuch steht der Wunsch nach überraschenden Eindrücken und nach künstlerischen Impulsen erst an der vierten Stelle nach den Wünschen nach guter Unterhaltung, nach einem Liveerlebnis und nach einer guten Atmosphäre. Nur ein knappes Drittel der Besucher äußerte überhaupt diese Erwartung (Statista 2019a).

Aus den Erwartungen des Publikums resultiert nicht nur der Appell, diese Wünsche zu erfüllen, sondern auch die Chance, auch Bevölkerungsschichten anzusprechen, die eher nicht kulturaffin sind, sondern in den Kultureinrichtungen zunächst das gesellige Erlebnis suchen. Der Adressat des Kulturmanagements ist deshalb weniger der klassische Kulturkonsument, sondern derjenige, der von der Erwartung eines sozialen Erlebnisses geleitet wird. Ihm muss nicht nur mit allen Aspekten des Servicegedankens die Tür, sondern auch der Bildungsraum geöffnet werden. Audience development ist nicht nur die Hinführung des Publikums zu den Angeboten der Kulturbetriebe, sondern auch eine Erweiterung des Adressatenkreises bei der Inanspruchnahme der Kultur. Auch die kulturelle Bildung fungiert dann nicht mehr – oder zumindest nicht nur – als eine Metaebene, sondern ist in erster Linie die unmittelbare Begegnung mit Kultur. „Kulturelle Bildung findet durch Begegnung mit Kunst statt" (Lorenz 2018, S. 45), in diesem Sinne ist das gesamte Kulturmanagement eine Form der kulturellen Bildung.

Als Orte des informellen Lernens werden Kultureinrichtungen derzeit zu wenig wahrgenommen. Führungen in Museen oder an historischen Orten werden nur von 7 % der Teilnehmer an informellen Lernaktivitäten genutzt (Bilger et al. 2017).

Insgesamt 43 % der Bevölkerung nehmen Angebote des informellen Lernens wahr, mit signifikanten Unterschieden im Schulabschluss (kein Schulabschluss 34 %, niedriger Schulabschluss 32 %, mittlerer Schulabschluss 40 %, hoher Schulabschluss 57 %) und im Berufsabschluss (keine Berufsausbildung 37 %, Lehre/Berufsfachschule 37 %, Meister/Fachschule 52 %, (Fach-)Hochschulabschluss 61 %) (Bilger et al. 2017, S. 188). Wenn andere Bildungsangebote des informellen Lernens offensichtlich gerade diejenigen kaum ansprechen, die in ihrer Bildungsbiografie bisher weniger positive Erfahrungen gemacht haben, können Kultureinrichtungen dazu beitragen, dieses Defizit auszugleichen. Mit dem – nachgefragten – geselligen und unterhaltsamen Angebot, können sie ein breiteres Publikum ansprechen. Sie umgehen den belasteten spezifisch deutschen Bildungsbegriff, sie können ein Lernen ohne Druck und ohne Versagensängste anbieten.

Die Herangehensweise der Kultureinrichtungen an ihr Publikum ist das Stellen von Fragen, nicht das Erwarten oder sogar das Vorschreiben der Beantwortung von Fragen. Das Programm von kulturellen Institutionen und Projekten ist letztlich das umfassende Verdeutlichen der berühmten Aussage des Sokrates: „Ich weiß, dass ich nichts weiß". Sie ist der Ausgang jeglicher Erkenntnis und das Wecken des Bedürfnisses nach Lernen und Nachdenken. Wenn dieser gesellschaftliche Prozess erfolgreich abläuft und positiv reflektiert wird, gibt es keine scharfen Grenzlinien mehr zwischen Bildung und Freizeit und dem Lebenslangen Lernen.

Der auch spielerische Ansatz der Vermittlung des Programms und der Anliegen von Kultureinrichtungen ist jedoch nicht mit einer Anbiederung an das Publikum gleichzusetzen. 1794, mit einem kritischen Rückblick auf die Französische Revolution, verfasste Friedrich Schiller seine Abhandlung „Über die ästhetische Erziehung des Menschen in einer Reihe von Briefen". Sein Menschenbild ist geprägt von einem Dualismus aus dem Stofftrieb und dem Formtrieb, aus der Sinnlichkeit und der Vernunft, einer säkularen Variante von Luthers „innerem" und „äußerem" Menschen, dem vernunftbetonten Player und dem Hedonisten nach dem Modell des inneren Teams in der Kommunikationswissenschaft. Diese beiden gilt es, in ein ausgewogenes Verhältnis zu bringen. Diese Erfahrung nennt Schiller den „Spieltrieb". Erst wenn dieser Zustand des Spieltriebs erreicht ist, erfährt sich der Mensch als frei. Wie der Mensch in den besonderen Zustand des Spiels kommen kann, lässt Schiller offen. Aber er sieht ihn abhängig von zwei Zwängen: Einerseits von seinem natürlichen Trieb, seiner physischen Konstitution. Gibt er sich nur diesem Zwang hin, ist der Mensch nur von Lust bestimmt. Andererseits von der Vernunft: Sie macht ihn in ihrer Ausschließlichkeit zum Barbaren.

Der Begründer der Ästhetik als eigenständiger philosophischer Disziplin, Alexander Gottlieb Baumgarten, war ein Schüler des rationalistischen Philosophen und Aufklärers Christian Wolff. Er erweiterte dessen System, das die rationale Erkenntnis beschreibt, durch eine philosophische Ästhetik als Wissenschaft. Die individuelle Wahrnehmung mit den eigenen Sinnen steht bei ihm als weiteres Erkenntnisvermögen neben der Logik. Diese Erkenntnis mit den Sinnen, führt bei ihm – nicht weniger als das Denken – zur Wahrheit. Die logische Erkenntnis müsse zwingend durch die ästhetische erweitert werden, damit ein Gegenstand vollständig erfasst werden kann. Die ästhetische Wahrnehmung ist dann auch nichts Subjektives mehr, sondern wie das rationale Denken etwas objektiv Beschreibbares und Nachvollziehbares. Der Begriff Wirklichkeit greift damit weit über jenen ontologischen Bereich hinaus, der von den Naturwissenschaften beschrieben und oft für das Ganze gehalten wird.

Die jüngeren Disziplinen der Pädagogik, der Psychologie und der Neurowissenschaften gehen ebenfalls davon aus, dass nur im Zusammenspiel zwischen der logischen und der sinnlichen Form der Erkenntnis ein umfassend gebildeter Mensch entstehen kann. Der zentrale Satz von Descartes „Ich denke, also bin ich" scheint widerlegt durch die Beobachtung, „dass die Vernunft möglicherweise nicht so rein ist, wie die meisten Menschen denken oder wünschen, dass Gefühle und Empfindungen vielleicht keine Eindringlinge im Reich der Vernunft sind, sondern, zu unserem Nach- und Vorteil, in ihre Netze verflochten sein können. … Ich möchte nur zeigen, dass bestimmte Aspekte von Gefühl und Empfindung unentbehrlich für rationales Verhalten sind" (Damasio 2004, S. 12 f.). Viele völkerrechtlich relevante Dokumente – von der Allgemeinen Erklärung der Menschenrechte über den Pakt für ökonomische, soziale und kulturelle Rechte, die Kinderrechtskonvention bis zur aktuellen Konvention zur kulturellen Vielfalt – sprechen deshalb von einem Menschenrecht auf Spiel und Kunst.

Trotz dieses Konsenses spielen alle Aspekte der Kreativität sowohl in der schulischen wie auch in der beruflichen Aus- und Fortbildung wie auch im gesellschaftlichen Ansehen insgesamt nur eine untergeordnete Rolle. Alle Formen des Wissens, die nicht formal produziert werden können, sind weitestgehend aus dem Erkenntnisbereich entfernt und abgewertet worden. Charles Percy Snow hat in seiner Publikation von „zwei Kulturen" (Snow 1967) gesprochen, die sich im Westen herausgebildet hätten und einander unverständlich seien und sich als ein geisteswissenschaftlicher Bereich und ein naturwissenschaftlicher Bereich diametral gegenüber stehen. Seither hat sich die Kluft durch das weitere Eindringen der Technik und der Naturwissenschaften noch erheblich vertieft.

Deshalb bleibt es eine zentrale Aufgabe des Kulturmanagements, sowohl im gesellschaftlichen Diskurs und in der gesellschaftlichen Praxis als auch bei der individuellen Erkenntnis und bei der kollektiven Erfahrung einen Gegenpol zu einem ausschließlich auf eine einseitige Rationalität aufbauenden Weltbild sichtbar und erfahrbar zu machen. Das Spiel ist keine Spielerei, sondern eine Chance, das Handlungsspektrum der Gesellschaft kritisch zu hinterfragen und gegebenenfalls zu modifizieren. Dies gilt umso mehr in einer digitalisierten Gesellschaft. „Sensorische Verarmung und Reduktion der Wahrnehmung auf Gewohnheit und gesteuerte Reaktion ist das unvermeidliche Resultat der alleinigen Ausrichtung auf die Vielzahl der konsumierten, organisierten oder akkumulierten Produkte, Dienste und ‚Freunde'" (Crary 2015, S. 88).

Susan Sontag formulierte schon 1964 in ihrem Aufsatz „Against Interpretation" eine harsche Polemik gegen die auch heute noch vor allem in populären Erwartungen an die Kunst häufig zum Ausdruck kommende Gewohnheit einer Interpretation, die sich als Freilegung einer „wirklichen" Bedeutung versteht, die angeblich unter dem ästhetisch wahrnehmbaren Werk als Subtext liegt. Sontag kritisiert die Annahme, dass ein Kunstwerk grundsätzlich neben seiner der ästhetischen Aufnahme offen stehenden Form immer auch einen „Inhalt" haben müsse und dass dieser Inhalt zumeist als das Primäre angesehen werde, dass das Kunstwerk geradezu mit seinem Inhalt identisch sei, dass jedes Kunstwerk mithin etwas „aussagen" müsse. „Was meint der Künstler damit, was will er uns damit sagen" (Sontag 1980, S. 13). In Zeiten der Informations- und Mediengesellschaft gilt erst recht, was Sontag schon vor 50 Jahren forderte: „Heute geht es darum, daß wir unsere Sinne wiedererlangen. Wir müssen lernen, mehr zu sehen, mehr zu hören und mehr zu fühlen. (…) Statt einer Hermeneutik brauchen wir eine Erotik der Kunst" (Sontag 1980, S. 13).

4.2 Nicht-Orte und Third Places

„Nicht-Orte" (Augé 1994), monofunktionale Orte des Transits, des Provisorischen, der erzwungenen Unterbrechung der individuellen Aktivitäten, Räume ohne Geschichte und ohne Bezüge und ohne spezifische Kommunikation sind beispielsweise als Bahnhöfe, Flughäfen oder in Verkehrsmitteln ein Phänomen der Gesellschaft seit dem Beginn der Moderne. Als Folge des Anwachsens der Mobilität sind diese Nicht-Orte immer mehr zu einem prägenden Bestandteil des Lebens geworden.

Der Alltag der meisten Menschen spielte sich traditionell zwischen dem Zuhause und dem Arbeitsplatz ab. Dieser Gegensatz ist obsolet geworden, als chanceneröffnendes Home-Office als auch als Einschränkung in der Gestalt ständiger Erreichbarkeit. Der sich aufgrund dieser Entwicklung sich neben dem eigenen Heim und dem Arbeitsplatz eröffnende dritte Platz – der „Third Place" (Oldenburg 1999) – ist für das Funktionieren einer Gesellschaft von großer Bedeutung und eine komplexe Kategorie, und er ist heftig umkämpft. Shopping Malls und urbane Stadtstrände besetzen ihn mit einer Kombination von kommerziellen Angeboten, Unterhaltungs- und Entspannungsmöglichkeiten sowie der Verknüpfung mit der virtuellen Welt durch kostenfreie WLANs mit dem ausgesprochen, oft aber auch unausgesprochenen Ziel der Beförderung weiteren Konsums. Dazu muss es in einer demokratischen Gesellschaft Alternativen geben.

Wo gibt es im öffentlichen Raum noch einen Aufenthaltsraum, an dem kein Konsum erwartet wird? Wenn man einen beliebige vormoderne italienische Piazza mit dem an der Wende vom 20. zum 21. Jahrhundert errichteten neuen Stadtzentrum von Berlin Mitte vergleicht, wird die veränderte gesellschaftliche Vorstellung von Aufenthaltsqualität im öffentlichen Raum offenbar. Ob die Menschen die Räume schön finden, ob sie sich dort wohlfühlen, ob sie sich dort treffen und sich miteinander austauschen wollen, war ganz offensichtlich höchstens ein untergeordnetes Kriterium gegenüber den Erwartungen der Investoren.

Schon lange nutzen Kultureinrichtungen die Chance zur Ansprache des Publikums an den Nicht-Orten. Sie können sie aber nicht nur zur Präsentation besetzen. Sie können auch selbst ein Anker im ständigen „to go" und des unablässigen Transits der Menschen werden, und zwar nicht als Aufdrängen ihrer eigenen Welt, sondern als Angebot der Lebensqualität und der Begegnung sowie als Möglichkeit zu Kommunikation, als Treffpunkt und als Gelegenheit zum Erlebnis. Die Third Places sind eine Gelegenheit, um die Öffentlichkeit anzusprechen und neue Gemeinschaften zu konstituieren. Der Third Place bietet die Möglichkeit, mit anderen auf ungezwungene Weise und unverbindlich Zeit zu verbringen, ohne einen spezifischen oder offensichtlichen Anlass. In vielen gewerblichen Unternehmen werden diese Möglichkeiten sehr bewusst und sehr zielgerichtet genutzt, im Gegensatz zu vielen Kultureinrichtungen, die meinen, nur mit ganz expliziten thematischen Angeboten erfolgreich sein zu können. Der Vorstand von Starbucks beispielsweise geht davon aus, dass seine Hauptaufgabe nicht der Verkauf von Kaffee ist, sondern dafür zu sorgen, dass in den Augen der Konsumenten seine Kaffeehäuser als persönlicher Lebensraum wahrgenommen werden, als „drittes Zuhause, eine Oase zwischen Heim und Arbeitsplatz, wo man sich mit Freunden trifft" (Mikunda 2007, S. 16). Der intendierte Konsum soll sich dann von selbst einstellen.

Wenn sich die Third Places in den Alltag der Bevölkerung problemlos einfügen sollen, setzt dies eine gute Erreichbarkeit und einen niederschwelligen und einen serviceorientierten Zugang voraus. Sie müssen „das Erlebnis des reibungslosen Ablaufs" (ebd., S. 179) vermitteln. Die vorhandenen und die künftig entstehenden von den Kultureinrichtungen zur Verfügung gestellten Third Places müssen an die veränderten Bedürfnisse einer mobilen, spontanen und individualisierten Gesellschaft angepasst sein und gleichzeitig dem Ausbrechen aus der Routine des Alltags wie der Befriedigung der Neugierde dienen. Und sie können die Aufmerksamkeitsökonomie von Berufs- und Privatleben, von Unterhaltung und Informationen unterbrechen und „von der zwingenden Funktionalität einer Kommunikation, die ihrem Wesen nach rund um die Uhr ablaufen muss" (Crary 2015, S. 66) kurzfristig befreien. Die Nicht-Orte eröffnen für das Kulturleben neue Chancen, weil sie „semantisch unbelastet sind: Durchgangsräume, Brachen, Autobahnunterführungen, aufgelassene Industrieareale. Attraktiv sind solche Orte vermutlich, weil sie nichts und niemand repräsentieren, keine Macht und keinen Besitz. Sie sind öffentlich, doch unentdeckt" (Kaltenbrunner 2017).

Die Nicht-Orte und Third Places haben für das Kulturmanagement zwei Funktionen: einerseits als Orte der Öffentlichkeitsarbeit, als Gelegenheit, um auf die kulturellen Angebote andernorts aufmerksam zu machen und andererseits, das Publikum unmittelbar mit kulturellen Manifestationen zu konfrontieren. Nicht selten wird sich auch eine Mischfunktion anbieten, die eine kleine Auswahl von andernorts zu Erlebendem anbietet.

Angesichts der Konkurrenz des Onlinehandels werden derzeit vermehrt alle Einkaufszentren im Rahmen einer Revitalisierung zum Lifestyle Hub. Nicht nur die großen Malls, sondern auch kleinere Buchläden oder Modehäuser kommen nicht mehr ohne Café aus, um die Aufenthaltsdauer und die Aufenthaltsqualität zu steigern. Im Bereich öffentlich finanzierter Kultureinrichtungen wird dagegen im Rahmen der Kosten-Leistungs-Rechnung jede unspezifisch genutzte Fläche als scheinbar verschenkter Raum gestrichen.

4.3 Erweiterung des Kulturbegriffs

Das hergebrachte Hochkulturschema hat vor allem eine Distinktionsfunktion. Als Hochkultur fungiert das, was in einer Gesellschaft als einzige legitime oder zumindest als die höchststehende Form von Kultur angesehen wird. Neben dieser herrschenden Kultur gelten alle anderen Formen als niedere, weniger entwickelte und weniger legitime Formen. Solche Demonstrationen des Hochkulturschemas im Bildungskanon, in Kunstwerken, Sprachformen, Stilen und Lebensformen verweisen zwangsläufig auch auf eine kulturelle Dimension sozialer Ungleichheit (Nassehi 2008, S. 156–158).

Dass dieser Kulturbegriff ausgedient hat, ist ein Allgemeinplatz in der Fachwelt. Dennoch herrscht er in den Köpfen des Publikums häufig noch vor und hält es von einem Kulturbesuch ab. Viele Nutzer von Kulturangeboten in einem breiteren Sinn bezeichnen das, was sie nutzen, nicht als Kultur und lehnen das ab, was sich explizit als Kultur vorstellt. Daraus baut sich eine Hürde für die Gewinnung eines breiteren Publikums auf.

Die Vorstellungen, was zur Kultur gehört, wandeln sich nicht nur thematisch, sondern auch mit dem Lauf der Zeiten: Die Beatles auf die Frage: „Welchen Einfluss sehen Sie in Ihrer Musik auf die künftige Entwicklung der Kultur?" – „Wir wollen Spaß" (The Beatles 2016).

Unsere Gesellschaft wurde schon im letzten Jahrzehnt des 20. Jahrhunderts zutreffend als eine Erlebnisgesellschaft beschrieben (Schulze 1992), die davon geprägt ist, dass die Menschen das Potenzial, das sich daraus ergibt, dass sie in weit geringerem Maße als frühere Generationen mit der Sicherstellung der Bedürfnisse des täglichen Lebens beschäftigt sind, für möglichst außergewöhnliche Erlebnisse nutzen wollen. Aus diesem Bedürfnis ist ein Markt entstanden, der nach den Prognosen der Zukunftsforscher in den nächsten Jahren und Jahrzehnten noch erheblich an Bedeutung gewinnen und ein breiteres und ein teilweise völlig neues Publikum erreichen wird. Weil auf diesem Markt für alle, die dort kommerziell erfolgreich sein wollen, dieselben Gesetze des Marktes gelten, wird dieser so weitgehend wie zwangsläufig immer mehr von nivellierten und nivellierenden Angeboten geprägt. Die Schaffung von Anstößen zur gesellschaftlichen Diskussion und zur Auseinandersetzung ist deshalb sowohl eine zentrale Aufgabe als auch eine spezifische Chance der öffentlich finanzierten kulturellen Projekte und Institutionen, die dafür allerdings ihren Kulturbegriff erweitern und neue Kooperationen eingehen müssen.

Der Zukunftswissenschaftler Horst Opaschowski hat das in Deutschland traditionell gebräuchliche Begriffspaar der E- und der U-Kultur aufgelöst in der Formel: E+U=I. In der Integrationskultur oder auch Durchmischungskultur sieht er die Wirksamkeit eines von einer breiten Bevölkerungsmehrheit getragenen weiten Kulturbegriffs, der auch populäre Unterhaltungsangebote einschließt. „Für die Zukunft gilt: Kultur, die den Unterhaltungswert vernachlässigt, also keinen Gesprächsstoff liefert und keine Diskussionen auslöst, hat einen schweren Stand. Kultur bekommt auch Konversationscharakter – ›sagt etwas‹ und regt zum Gedankenaustausch an: ›Man redet darüber‹ – und zwar über Inhalt und nicht nur über Verpackungen. Das bloß Kontemplative ist im modernen Kulturverständnis ein kommunikativer Prozess geworden: Macher und Mitmacher, Akteure und Zuschauer tauschen sich aus, auch im Streit. Das Kulturangebot macht aus Unterhaltung Interaktivität mit Gleichgesinnten" (Opaschowski 2006, S. 247).

Dies führt aber auch dazu, dass das zeitgenössische Verhältnis zu ästhetischen Phänomenen nicht mehr durch Distanz geprägt ist, sondern durch ein eher interessenloses Wohlgefallen. Vor diesem Hintergrund sind die neuen Formen des ästhetischen Urteils mit den Prädikaten „niedlich" (cute), „irrwitzig" (zany) und „interessant" (interesting) beschrieben worden (Ngai 2012). Mit dieser Analyse lassen sich die Populärkultur und die Hochkultur nicht mehr voneinander trennen. „Die dominanten Urteilsformen, die für einen exklusiven Bereich der Kunst gelten, sind die gleichen wie die für die Beurteilung von Hello Kitty oder Prinzessin Lillifee. … Diese Vermischung lässt sich vorläufig noch genauer auf einen Begriff bringen, der längst in die Alltagssprache Eingang gefunden hat, nämlich die Kategorie ‚instagrammable', für Instagram geeignet" (Volkening 2018, S. 65). Allerdings ist die für die Publikumsgewinnung der Kultureinrichtungen durchaus begrüßenswerte Entwicklung auch eine, die die Trennung zwischen Kultur und dem Konsum, der Produktion und der Warenzirkulation noch stärker durchlässig macht.

Durch das Verhalten des inzwischen vorherrschenden Typus des Kulturnutzers, der wiederholt als so genannter „Kulturflaneur" beschrieben wurde, wird die Nachfrage für die Kulturbetriebe immer schwieriger vorhersehbar. „Er ist unbeständig in seinen Bedürfnissen und in seinem Kulturnutzungsverhalten. … Der Kulturflaneur bzw. ein überwiegender Teil der kulturinteressierten Bevölkerung tut sich folglich zunehmend schwer, sich an eine Kultureinrichtung zu binden bzw. langfristig im Voraus zu planen. Die Folge ist eine breite Verunsicherung der Kulturbetriebe, verlieren sie doch zunehmend ihre Stammkunden sowie ein verlässliches Besuchsverhalten und damit ihre Planungssicherheit. Während beispielsweise die Abonnements in deutschen Theatern abnehmen, steigt der Verkauf von Einzel-/Tageskarten deutlich an" (Glogner-Pilz und Föhl 2016, S. 178).

Der Gedanke kultureller Einheitlichkeit, die sich im Sinne konsistenter, strukturierter Leitvorstellungen und eines universellen für die ganze Gesellschaft typischen Orientierungssystems beschreiben ließe, ist schon aufgrund der offensichtlichen Einflüsse der Migration, der Etablierung des globalisierten Austauschs und der Konfrontation mit virtuellen Welten obsolet geworden. Die „Annahmen des traditionellen Kulturkonzepts sind heute unhaltbar geworden" (Welsch 1995, S. 39). Dennoch geht das Kulturmanagement mehrheitlich immer noch von der Ernsthaftigkeit ihrer Manifestationen aus und versucht sich vom Unterhaltsamen abzugrenzen. Dafür gibt es insbesondere zwei Gründe: Einerseits lässt sich die Vorstellung kultureller Einheitlichkeit im Sinne eines Hortes der Wahrung eines besonderen „Niveaus" gegenüber den öffentlichen Zuschussgebern politisch instrumentalisieren, andererseits gibt es kaum Alternativmodelle, aus denen angemessene gesellschaftliche Desiderate abgeleitet werden könnten. Die Abgrenzung von der Kulturindustrie und von dem Warencharakter nicht nur im Sinne von Horkheimers und Adornos „Kulturindustrie" (2015), sondern auch aufgrund der praktischen Gegebenheiten der segmentierten Gesellschaft muss naturgemäß unabgeschlossen bleiben.

> „Allerdings darf auch nicht verschwiegen werden, daß insbesondere die westliche Freizeitkultur zunehmend einen ephemeren Charakter bekommt, also das beinhaltet, was in der italienischen Kulturdiskussion effimero genannt wird: Gemeint ist eine Kultur als Eintagsfliege, zwischen Show- und Sensationseffekt, flüchtigem Kitzel und kurzlebigem Spektakel ohne Folgen: Ein ephemeres. also eintägiges, kurzlebiges und unverbindliches Ereignis" (Hügel 2003, S. 39).

Nicht selten wird der Kulturbegriff inflationär oder sogar – trotz aller Offenheit – sinnentleert als Zauberwort verwendet.

> „Endlos viel Bedeutung führt zu Bedeutungslosigkeit. Bedeutungslosigkeit ist ebenso wenig vieldeutig wie nur eine einzige Bedeutung. Ambiguität, die bereichert, findet nur zwischen den Polen Eindeutigkeit und unendlich vielen Bedeutungen statt" (Bauer 2018, S. 50).

Dazu kommt ein nur scheinbar randständiger Aspekt: In Zeiten der Konsumkritik und der weit verbreiteten Erwartung einer nachhaltigen Lebensweise erhält auch der Luxusbegriff eine Umwertung. Luxus ist nicht mehr der nach außen gewandte symbolische Akt des Besitzens, der zwangsläufig Zuschauer braucht, sondern eine Erfahrung, die sich auf den individuell definierten, über das Notwendige hinausgehenden, oft überflüssigen Akt des Besitzenden bezieht. In diesem Sinne ist für viele Menschen der nicht an eine Effizienz gebundene Umgang mit einem Teil der persönlichen Zeit der größte Luxus. Dieser Befund sollte auch ein Ansatzpunkt für das Kulturmanagement bei seinen Bemühungen um ein breiteres Publikum werden. Nicht mehr der Konsum und der Besitz von schönen und vorzeigbaren Dingen ist Luxus, sondern die Begegnung mit Objekten, die vordergründig zwecklos, aber nicht sinnlos sind, um Anregungen zu finden. Dies ist ein von materiellen Voraussetzungen unabhängiger demokratischer Luxus, ein Akt der Weigerung, als Individuum ausschließlich in einer Funktion und in einem Diktat der Zweckmäßigkeit zu leben. Luxus ist „der Dadaismus des Besitzens" (Wiesing 2015, S. 73). Luxus kann eine Alternative zum Erwartbaren werden und neue Möglichkeiten eröffnen.

Was Sie aus diesem *essential* mitnehmen können

- Über die langfristig bewährten Themen und Formate muss das Kulturmanagement auch neue Themen und neue Gelegenheiten aufgreifen.
- Das Kulturmanagement darf sich nicht ausschließlich auf die explizit kulturellen Themen und Fragestellungen beschränken, sondern muss alle gesellschaftlichen Entwicklungen in den Blick nehmen.
- Der unreflektierte Erhalt der bestehenden Kulturlandschaft ist für das Kulturmanagement nicht zukunftsträchtig. Schwerpunktsetzungen, Vernetzungen und Kooperation werden immer wichtiger.
- Kulturelle Institutionen und Projekte müssen den Aspekt der Bildung und den Wunsch nach Unterhaltung aufnehmen. Denn nur, wenn sie die Erwartungen des Publikums aufgreifen, können sie gesellschaftlich relevant sein.

B. M. Hoppe, *Kultur in der demokratischen Gesellschaft,* essentials,
https://doi.org/10.1007/978-3-658-26684-4

Literatur

Adorno, T. W. (1975). Schuld und Abwehr. In T. W. Adorno & R. Tiedemann (Hrsg.), *Gesammelte Schriften* (Bd. 9.2). Frankfurt a. M.: Suhrkamp.

Augé, M. (1994). *Orte und Nicht-Orte. Vorüberlegungen zu einer Ethnologie der Einsamkeit*. Frankfurt a. M.: S. Fischer.

Baecker, D. (2011). *Organisation und Störung. Aufsätze*. Berlin: Suhrkamp.

Barnes, J. (2017). *Der Lärm der Zeit. Roman*. Köln: Kiepenheuer & Witsch.

Bauer, T. (2018). *Die Vereindeutigung der Welt. Über den Verlust an Mehrdeutigkeit und Vielfalt*. Ditzingen: Reclam.

Bauman, Z. (2017). *Retrotopia*. Berlin: Suhrkamp.

Bilger, F., Behringer, F., Kuper, H., & Schrader, J. (Hrsg.). (2017). *Weiterbildungsverhalten in Deutschland 2016. Ergebnisse des Adult Education Survey (AES)*. Bielefeld: wbv media.

Bloch, E. (2010). In J. Kreuzer (Hrsg.), *Grundfragen der Philosophie. Ausgewählte Schriften* (Bd. 1). Berlin: Suhrkamp.

Böhme, G. (2016). *Ästhetischer Kapitalismus*. Berlin: Suhrkamp.

Bourdieu, P. (2001). *Die Regeln der Kunst. Genese und Struktur des literarischen Feldes*. Frankfurt a. M.: Suhrkamp.

Bundesministerium der Justiz und für Verbraucherschutz. (1990). Vertrag zwischen der Bundesrepublik Deutschland und der Deutschen Demokratischen Republik über die Herstellung der Einheit Deutschlands (Einigungsvertrag). https://www.gesetze-im-internet.de/einigvtr/EinigVtr.pdf. Zugegriffen: 2. März 2019.

Bundesministerium für Wirtschaft und Energie (BMWi) (Hrsg.). (2017). *Monitoringbericht Kultur- und Kreativwirtschaft*. Berlin: Kurzfassung.

Coelho, P. (1999). *Auf dem Jakobsweg. Tagebuch einer Pilgerreise nach Santiago de Compostela*. Zürich: Diogenes.

Crary, J. (2015). *24/7. Gesellschaft ohne Schlaf*. Bonn: Bundeszentrale für politische Bildung.

Damasio, A. R. (2004). *Descartes' Irrtum. Fühlen, Denken und das menschliche Gehirn*. Berlin: List.

Deutsche, R. (1996). *Eviction. Art and spatial politics*. Cambridge: MIT Press.

B. M. Hoppe, *Kultur in der demokratischen Gesellschaft*, essentials,
https://doi.org/10.1007/978-3-658-26684-4

Deutscher Bühnenverein. (2018). Theaterstatistik 2016/2017. www.buehnenverein.de/de/publikationen-und-statistiken/statistiken/theaterstatistik.html. Zugegriffen: 2. März 2019.

Deutscher Fußball-Bund. (2018). Zuschauerzahlen. https://www.dfb.de/bundesliga/statistik/zuschauerzahlen/. Zugegriffen: 2. März 2019.

Deutsches Zentrum Kulturgutverluste. (1998). Grundsätze der Washingtoner Konferenz in Bezug auf Kunstwerke, die von den Nationalsozialisten beschlagnahmt wurden (Washington Principles). https://www.kulturgutverluste.de/Webs/DE/Service/Kontakt/Index.html. Zugegriffen: 2. März 2019.

Deutsches Zentrum Kulturgutverluste. (1999). Gemeinsame Erklärung – Erklärung der Bundesregierung, der Länder und der kommunalen Spitzenverbände zur Auffindung und zur Rückgabe NS-verfolgungsbedingt entzogenen Kulturgutes, insbesondere aus jüdischem Besitz (Gemeinsame Erklärung). https://www.kulturgutverluste.de/Webs/DE/Stiftung/Grundlagen/Gemeinsame-Erklaerung/Index.html. Zugegriffen: 2. März 2019.

Düllo, T. (2011). *Kultur als Transformation. Eine Kulturwissenschaft des Performativen und des Crossover*. Bielefeld: Transcript.

Europäische Kommission. (2002). *Ein europäischer Raum des lebenslangen Lernens*. Luxemburg: Amt für amtliche Veröffentlichungen der Europäischen Gemeinschaften.

Ferguso, N. (20. Dezember 2017). Facebook zerstört die Demokratie. *DIE ZEIT*.

Föhl, P. S., & Gernot, W. (2016). Transformation im Kulturbereich. Begriffe und Beispiele. *Kultur Management Network Magazin, 114*(September 2016), 32–40.

Föhl, P. S., & Glogner-Pilz, P. (2017). *Kulturmanagement als Wissenschaft. Grundlagen – Entwicklungen – Perspektiven. Einführung für Studium und Praxis*. Bielefeld: Transcript.

Freud, S. (1994). *Das Unbehagen in der Kultur. Und andere kulturtheoretische Schriften*. Frankfurt a. M.: Fischer-Taschenbuch.

Frisch, M. (1981). *Der Mensch erscheint im Holozän*. Frankfurt a. M.: Suhrkamp.

Gabriel, K. (2008). Jenseits von Säkularisierung und Wiederkehr der Götter. *Aus Politik und Zeitgeschichte (APuZ), 52,* 9–15.

Glogner-Pilz, P., & Föhl, P. S. (Hrsg.). (2016). *Handbuch Kulturpublikum. Forschungsfragen und -befunde*. Wiesbaden: Springer VS.

Große, J. (2018). 1968. Revolte und Regression. *Merkur, 72*(829 & Juni 2018), 79–87.

Hammelehle, S., & Knöfel, U. (2018). Interview mit Kulturstaatsministerin Grütters. „Auch wir waren locker und widerspenstig". *Der Spiegel* 22/2018.

Haselbach, D., Reulein, D., Klein, A., Knüsel, P., & Opitz, S. (2012). *Der Kulturinfarkt. Von allem zu viel und überall das Gleiche. Eine Polemik über Kulturpolitik, Kulturstaat, Kultursubvention*. München: Knaus.

Heinrichs, W. (2013). *Kulturmanagement. Eine praxisorientierte Einführung*. Darmstadt: Wissenschaftliche Buchgesellschaft (WBG).

Henze, R. (2017). *Einführung in das Internationale Kulturmanagement*. Wiesbaden: Springer VS.

Hoffmann, H. (1979). *Kultur für alle. Perspektiven und Modelle*. Frankfurt a. M.: S. Fischer.

Höhne, S. (Hrsg.). (2005). *„Amerika, Du hast es besser"? Kulturpolitik und Kulturförderung in kontrastiver Perspektive*. Leipzig: Leipziger Universitäts.

Hollein, M. (2018). Museen als Orte unpolemischer und fundierter Debatten. www.deutschlandfunk.de/museumsdirektor-max-hollein-museen-als-orte-unpolemischer.911.de.html?dram:article_id=412657. Zugegriffen: 2. März 2019.

Hoppe, B. M. (2018). Kernaufgabe oder nice to have? Zur Funktion der Kultur in der Gesellschaft. In H. Busche, T. Heinze, F. Hillebrandt, & F. Schäfer (Hrsg.), *Kultur – Interdisziplinäre Zugänge* (S. 251–293). Wiesbaden: Springer VS.

Hoppe, B. M., & Heinze, T. (2016). *Einführung in das Kulturmanagement. Themen – Kooperationen – gesellschaftliche Bezüge*. Wiesbaden: Springer VS.

Horkheimer, Max & Adorno, Theodor W. (2015). *Kulturindustrie. Aufklärung als Massenbetrug*. Hrsg. von Kellermann, Ralf. Stuttgart: Reclam.

Houellebecq, M. (2017). „Autor der totalen Schlaffheit". SPIEGEL-Gespräch. *Der Spiegel* 43/2017.

Hügel, H.-O. (Hrsg.). (2003). *Handbuch Populäre Kultur. Begriffe, Theorien und Diskussionen*. Stuttgart: J. B. Metzler.

John, Anke. (2016). Local history knowledge instead of regional folklore. *Public History Weekly, 4,* 14.

Kaltenbrunner, R. (28. Dezember 2017). Wichtig ist auf'm Platz. Die Straße ist das Trainingsgelände der Demokratie – Im Netzzeitalter sowieso und besonders jetzt. *DIE ZEIT*.

Kaube, J. (3. Juni 2018). Ein Mann seiner eigenen Gründerzeit. *FAZ*.

Kermani, N. (7. Juli 2017). Auschwitz morgen – Die Zukunft der Erinnerung. Rede zum zwanzigjährigen Bestehen des Lehrstuhls für jüdische Geschichte und Kultur in der großen Aula der Maximilian-Ludwigs-Universität in München. *FAZ*.

Keuchel, S. (2005). Mehr Chancengleichheit in der kulturellen Bildung. Zu den Ergebnissen des „Jugend-Kulturbarometers 2004 – Zwischen Eminem und Picasso". *Politik und kultur, 1,* 23.

Keuchel, S. (2005). Das Kulturpublikum zwischen Kontinuität und Wandel — Empirische Perspektiven. In Institut für Kulturpolitik der Kulturpolitischen Gesellschaft (Hrsg.), *Jahrbuch für Kulturpolitik 2005* (S. 111–125). Essen: Klartext.

Klein, A., Pröbstle, Y., & Schmidt-Ott, T. (Hrsg.). (2017). *Kulturtourismus für alle? Neue Strategien für einen Wachstumsmarkt*. Bielefeld: Transcript.

Kliment, T. (2019). Die Vermessung der Freien Szene. Die erste Besucherbefragung über die freie Tanz- und Theaterszene am Beispiel Köln. *Kultur Management Network Magazin, 142*(März), 55–65.

KM. Kulturmanagement Network. (2019). Studiengänge Kulturmanagement. www.kulturmanagement.net/Studiengaenge. Zugegriffen: 2. März 2019.

Konrad, H. (2009). Die (Weiter-)Entwicklung des Kulturmanagements aus dem Blickwinkel unterschiedlicher Disziplinen. Ein Versuch. www.fachverband-kulturmanagement.org/wp-content/uploads/2012/02/Konrad_Die_Weiter-Entwicklung_des_Kulturmanagements.pdf. Zugegriffen: 2. März 2019.

Korff, Gottfried, & Roth, Martin (Hrsg.). (1990). *Das historische Museum. Labor, Schaubühne, Identitätsfabrik*. Frankfurt a. M.: Campus.

Kulturkreis der deutschen Wirtschaft im BDI e. V. (2012). *Unternehmerische Kulturförderung in Deutschland. Ergebnisse einer umfassenden Untersuchung*. Berlin: Kulturkreis der deutschen Wirtschaft im BDI e. V.

Lorch, C. (14. Februar 2018). Man spricht Kunst. *SZ*.

Lorenz, G. (2018). Kunst für alle von 2 bis 20 – und zwar eine spezielle für jedes Alter. *Literatur in Bayern. Kulturzeitschrift, 33*(133 & September), 44–46.

Lyotard, J.-F. (1994). *Das postmoderne Wissen. Ein Bericht.* Wien: Passagen.

Macron, E. (2017). Staatspräsident Macron auf der Frankfurter Buchmesse. https://de.ambafrance.org/Staatsprasident-Macron-auf-der-Frankfurter-Buchmesse. Zugegriffen: 2. März 2019.

Mandel, B. (Hrsg.). (2016). *Teilhabeorientierte Kulturvermittlung. Diskurse und Konzepte für eine Neuausrichtung des öffentlich geförderten Kulturlebens.* Bielefeld: Transcript.

Mandel, B. (2018). Neue Ansprüche an Lehre und Praxis. Kulturmanagement-Studiengänge im Wandel. *Kultur Management Network Magazin, 137*(Oktober), 12–17.

Mazower, Mark. (2000). *Der dunkle Kontinent. Europa im 20. Jahrhundert.* Berlin: Fest.

Mergos, G., & Patsavos, N. (2016). Cultural Heritage as economic Value. Economic Benefits, Social Opportunities, and Challenges of Cultural Heritage for Sustainable Development, Positions, Texts, Context, A Draft Companion Reader. www.inherit.tuc.gr/fileadmin/users_data/inherit/_uploads/CulturalHeritage_V2.5.pdf. Zugegriffen: 2. März 2019.

Mikunda, C. (2007). *Marketing spüren. Willkommen am dritten Ort.* Heidelberg: Redline Wirtschaft.

Nassehi, A. (2008). *Soziologie. Zehn einführende Vorlesungen.* Wiesbaden: Springer VS.

Nassehi, A. (2018). *Gab es 1968? Eine Spurensuche.* Hamburg: Kursbuch Kulturstiftung.

Ngai, S. (2012). *Our aesthetic categories. Zany, cute, interesting.* Cambridge: Harvard University Press.

Oldenburg, R. (1999). *The great good place. Cafe's, coffee shops, community centers, beauty parlors, general stores, bars, hangouts, and how they get you through the day.* New York: Marlowe & Company.

Opaschowski, H. W. (2006). *Freizeitwirtschaft. Die Leitökonomie der Zukunft.* Hamburg: LIT.

Paoli, G. (2017). *Die lange Nacht der Metamorphose. Über die Gentrifizierung der Kultur.* Berlin: Matthes & Seitz.

Peschel, S. (2017). „Europa ist eine große Erzählung" – Kultur als Gesellschaftskitt? https://www.dw.com/de/europa-ist-eine-gro%C3%9Fe-erz%C3%A4hlung-kultur-als-gesellschaftskitt/a-40921091. Zugegriffen: 2. März 2019.

Pröbstle, Y. (2014). *Kulturtouristen. Eine Typologie.* Wiesbaden: Springer VS.

Rauterberg, H. (19. März 2012). Und die Herzen schlagen höher. *DIE ZEIT.*

Renz, T., & Mandel, B. (2014). Barrieren der Nutzung kultureller Einrichtungen. Eine qualitative Annäherung an Nicht-Nutzer. https://hildok.bsz-bw.de/frontdoor/index/index/docId/204. Zugegriffen: 2. März 2019.

Scheller, J. (2018). Kultur heißt Dissens. *Merkur, 72*(830 & Juli), 92–97.

Schnell, C. (2010). Der Kulturbetrieb bei Pierre Bourdieu. *Jahrbuch Kulturmanagement, 2010*(1), 43–53.

Schönhoven, K. (2007). *Europa als Erinnerungsgemeinschaft.* Abschiedsvorlesung an der Sozialwissenschaftlichen Fakultät der Universität Mannheim am 13. September 2007. Bonn: Friedrich-Ebert-Stiftung.

Schrott, R. (2018). *Politiken & Ideen. Vier Essays.* München: Hanser.

Schulze, G. (1992). *Die Erlebnis-Gesellschaft. Kultursoziologie der Gegenwart.* Frankfurt a. M.: Campus.

Sensen, S. (2011). Museen in der Krise? Eine Problembeschreibung. https://www.museumsverband-rheinland.de/wp-content/uploads/Sensen_Museen-in-der-Krise-06062011.pdf. Zugegriffen: 2. März 2019.
Sievers, N. (2017). Kulturpolitik braucht Infrastrukturforschung. *Kulturpolitische Mitteilungen, 111*(158), 37–40.
Snow, C. P. (1967). *Die zwei Kulturen. Literarische und naturwissenschaftliche Intelligenz.* Stuttgart: Klett.
Sontag, S. (1980). *Kunst und Antikunst. 24 literarische Analysen.* München: Hanser.
Staatliche Museen zu Berlin – Preußischer Kulturbesitz. (1992). *Statistische Gesamterhebung an den Museen der Bundesrepublik Deutschland für das Jahr 1991.* Berlin (Materialien aus dem Institut für Museumsforschung, Heft 36).
Staatliche Museen zu Berlin – Preußischer Kulturbesitz. (2017). *Statistische Gesamterhebung an den Museen der Bundesrepublik Deutschland für das Jahr 2016.* Berlin (Materialien aus dem Institut für Museumsforschung, Heft 71).
Statista. (2019a). Erwartungen der Bevölkerung an einen Kulturbesuch in Deutschland in den Jahren 2004/05 und 2010/11. https://de.statista.com/statistik/daten/studie/201392/umfrage/erwartungen-der-bevoelkerung-an-einen-kulturbesuch-in-deutschland/. Zugegriffen: 2. März 2019.
Statista. (2019b). Interesse der Bevölkerung in Deutschland an der Kunst- und Kulturszene von 2014 bis 2018. https://de.statista.com/statistik/daten/studie/170946/umfrage/interesse-an-kunst-und-kultur/. Zugegriffen: 2. März 2019.
Statistische Ämter des Bundes und der Länder (Hrsg.). (2018). *Kulturfinanzbericht 2018.* Wiesbaden: Statistische Ämter des Bundes und der Länder.
Taylor, C. (1975). *Erklärung und Interpretation in den Wissenschaften vom Menschen. Aufsätze.* Frankfurt a. M.: Suhrkamp.
The Beatles. (2016). *Eight days a week – The touring years.* USA: Regie Ron Howard.
Ulrich, P., & Hill, W. (1979). Wissenschaftstheoretische Grundlagen der Betriebswirtschaftslehre. In H. Raffe & B. Abel (Hrsg.), *Wissenschaftstheoretische Grundfragen der Wirtschaftswissenschaften* (S. 161–190). München: Vahlen.
Volkening, H. (2018). Unser Körper, unsere Selfies. *Merkur, 72*(830 & Juli), 59–66.
Voss, J. (10. Oktober 2015). Vielleicht gibt es einfach zu viele Museen. *FAZ.*
Weber, M. (1988). *Gesammelte Aufsätze zur Wissenschaftslehre.* Tübingen: Mohr.
Welsch, W. (1995). Transkulturalität. Zur veränderten Verfasstheit heutiger Kulturen. *Zeitschrift für Kulturaustausch, 45,* 39–44.
Wiesing, L. (2015). *Luxus.* Berlin: Suhrkamp.
Winter, R. (Hrsg.). (2011). *Die Zukunft der Cultural Studies. Theorie, Kultur und Gesellschaft im 21. Jahrhundert.* Bielefeld: Transcript.
Wyss, B. (2009). *Nach den großen Erzählungen.* Frankfurt a. M.: Suhrkamp.
Zembylas, T. (2013). Die Bedeutung des Praxisbegriffs für die Kunstsoziologie. In C. Steuerwald & F. Schröder (Hrsg.), *Perspektiven der Kunstsoziologie. Praxis, System, Werk* (S. 149–163). Wiesbaden: Springer VS.